U0686619

高职教学管理理论与教学实践研究

周碧丽◎著

中国原子能出版社

图书在版编目（CIP）数据

高职教学管理理论与教学实践研究 / 周碧丽著. --
北京：中国原子能出版社，2024.5
ISBN 978-7-5221-2639-5

Ⅰ. ①高⋯　Ⅱ. ①周⋯　Ⅲ. ①高等职业教育–教学管
理–研究–中国　Ⅳ. ①G718.5

中国国家版本馆 CIP 数据核字（2024）第 063252 号

内 容 简 介

本书属于高职教学管理方面的著作，全书以高校教育管理工作理论与实践为研究背景，从高职教学管理综述入手，就高职教学管理的理论基础与基本理念、高职教学管理体系的构建、高职教学管理的创新发展、高职师资队伍建设等不同方面展开了详细论述，同时对高职理论课程教学的开展、高职实践教学的开展进行了综合阐述，指明了高职教学管理和实践教学的发展方向，提出了高职教学管理工作的创新观点。对从事高职管理、高职教学等方面工作的研究者和从业人员具有学习和参考价值。

高职教学管理理论与教学实践研究

出版发行	中国原子能出版社（北京市海淀区阜成路 43 号　　100048）
责任编辑	张　磊
责任印制	赵　明
印　　刷	河北宝昌佳彩印刷有限公司
经　　销	全国新华书店
开　　本	787 mm×1092 mm　1/16
印　　张	15.75
字　　数	242 千字
版　　次	2024 年 5 月第 1 版　2024 年 5 月第 1 次印刷
书　　号	ISBN 978-7-5221-2639-5　　　　**定　价　78.00 元**

前　言

　　高等职业教育在我国人才培养体系中占据重要地位，为社会培养了大量的应用型、技能型人才。高职教育在人才培养、产业升级和区域经济发展等方面发挥着不可替代的作用。随着我国经济的快速发展，产业结构不断优化升级，对高职教育的需求也在发生深刻变革。在这一背景下，高职教学管理理论与实践研究显得尤为重要。研究高职教学管理理论，有助于我们更好地理解高职教育的内涵和外延，为高职教育改革提供理论支撑。而深入探讨高职教学实践，有助于我们总结经验、发现问题、提出对策，从而推动高职教育质量的全面提升。高职教学管理是高职教育的核心环节，关系到高职人才的培养质量和规模。在新的形势下，高职教学管理工作面临着诸多挑战。如何因地制宜、因时制宜，调整和优化高职教学管理，既要求深入理论研究，又要求注重实践探索。通过对高职教学管理理论与教学实践研究的深入探讨，可以找到更有效的方法和途径，从而实现高职教育的优质发展。此外，我国高职教育正处在转型升级的关键时期，高职教学管理理论与教学实践研究也面临新的发展机遇。随着国家对高职教育的重视程度不断提高，相关政策和投入也在不断加大。在这样的大环境下，高职教学管理理论与教学实践研究将迎来前所未有的发展空间。可以借鉴国际先进经验，吸收现代教育管理理念，创新高职教学管理体制和机制，提升高职教育的国际竞争力。因此，探讨高职教学管理理论与教学实践具有重要的理论价值和现实意义。

　　本书由七章组成，第一章，高职教学管理综述。主要介绍高职教学管理的概念、内容和特点，阐述高职教学管理的规律与原则，以及高职教学管理文化建设的重要性。第二章，高职教学管理的理论基础与基本理念。首先从教育学、心理学、管理学等多学科角度分析高职教学管理的理论基础，然后探讨高职教学管理的基本理念，包括以人为本、注重实践、全面发展和创新驱动等。第三章，高职教学管理体系的构建。详细讲述高职教学常规管理、教务考务管理、专业与课程建设管理以及教学质量管理等方面的内容。通过构建科学、有效的高职教学管理体系，有利于提升高职院校教育教学水平。第四章，高职教学管理的创新发展。主要探讨高职教学机制、模式、方法的创新，以及高职教学信息化的发展。本章旨在通过对教学管理创新的研究，为高职院校提供有效的改革方案和实践路径。第五章，高职师资队伍建设。重点关注高职教师的职业能力要求，以及高职教师信息素养和"双师型"队伍建设等方面的内容。优秀的教师队伍是高职教育质量的重要保障，本章力求为高职院校提供师资队伍建设的指导思路。第六章，高职理论课程教学的开展。从高职理论课程教学概述、高职理论课程体系的构建、高职理论课程教学的原则与策略以及高职理论课程教学课堂创新等方面进行深入探讨。第七章，高职实践教学的开展。主要关注高职实践教学概述、高职实践教学体系的构建、高职实践教学的组织指导工作以及高职实践教学实训基地建设等内容。

全书集系统性、科学性、新颖性于一体，知识性、理论研究科学严谨、语言描述准确、章节划分得体、结构体系完整，能够为高职教学管理与教学实践提供合理建议和科学指导。

本书在撰写过程中参考了一些专家、学者的研究成果和著作，在此表示衷心的感谢。由于时间仓促，水平有限，不足和缺陷之处在所难免，恳切希望广大读者、专家批评指正。

著 者

2024 年 1 月

目　录

第一章　高职教学管理综述

第一节　高职教学管理的概念、内容和特点

教学管理是高职院校内部管理体系的核心部分，在高职院校的各项管理工作中处于非常重要的地位。高职院校教学管理工作需要遵循一定的规律和方法，实现教学活动目标和人才培养目标。下面对高职教学管理的内涵、要素和特点分别进行探讨。

一、高职教学管理的概念

要弄清楚高职教学管理的内涵，需要先对我国的高职教育有个清晰的认知。"高职"是高等职业院校的简称，是我国人才培养的重要场所，担负着为社会输出高素质一线技能人才的伟大使命。从层次上来说，高职院校属于高等教育的范畴，是职业技术教育领域内的最高级别。从办学定位上来说，高职院校与高等普通学校、研究型大学不同，高职院校定位注重职业性而不是学术性和研究性，它的培养目标是理论知识和实践技能相结合的技术应用型人才。从培养模式上来说，高职院校是与市场和企业联系最为密切的机构，通过产教融合的模式，注重在短期内培养专门技术技能人才，实现服务地方经济和社会经济的发展。

高职教学管理属于学校内部的管理，目的是实现高职院校的教育目标和人才培养目标。从广义上讲，高职教学管理指的是在一定的教育发展条件下所形成的高职教学管理体系，这一体系是由多个元素或部件之间相互联系所

构成的，是一个具有特定目的和功能的完整的整体，各个元素或部件之间在构成上的变化对高职教育功能的发挥和目的的实现会产生直接的影响。从狭义上来说，高职教学管理指的是为实现人才培养的目标和规格要求，在一定的理念和教学管理思想的指导下，遵循一定的教学规律、教学程序和教学方法，充分发挥学校教务处决策、计划、组织、控制、服务等具体管理功能，使教学活动达到既定的目标。高职教学管理需要高职教学需求进行统筹安排，对教学资源进行优化配置，协调规范教学活动和教学行为，整合整个教学要素，维护师生的根本利益，以促进教学质量和管理水平的提升。

二、高职教学管理的主要内容

高职教学管理作为一个有机统一的整体，根据不同的视角可以有不同的内容体系构架，总体来说可以概括为四个方面的主要内容，即教学过程管理、教学业务管理、教学质量管理和教学监控管理四个方面，如图 1-1 所示。

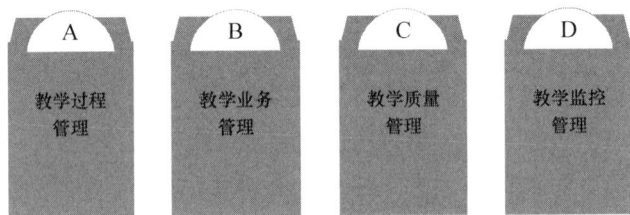

图 1-1　高职教学管理的主要内容

（一）教学过程管理

高等职业院校教学过程管理是结合教育方针和社会需求的需要，以学生的身心发展规律为依据，为实现教学目标而组成的教师的"教"与学生的"学"的双边活动过程。在这一教学过程中包含教师、学生、教学内容、教学方法等诸多因素。在教学过程中教师是主导因素，对学生的学习起到引导作用；学生既是教学过程的主体，也是学习的主体；教学内容和教学方法是教学过程中的客观因素，同时也是教师和学生各自发挥作用的物质载体。教学过程同时也是教师的教学过程和学生的学习过程。教师的教学过程一般由课前备课、课堂教学、课外辅导、作业批改和教学评价五个环节组成；学生的学习过程一般由课前预习、课堂上课、复习巩固、考试测评、知识的掌握、知识的应用六个环节组成。

（二）教学业务管理

高等职业院校教学业务管理是学校教学管理工作的重要组成部分，是对学校教学业务工作的各个环节进行的有计划、有组织的管理活动。高等职业院校教学业务管理主要包括以下几个方面的工作。

1. 教学组织工作

高等职业院校要对学校的教学情况进行整体分析和评价，在此基础上进一步完善学校教学管理体制和规章制度，对教师的备课、上课、评课等制定相关的标准和要求，规范教学人员行为，充分调动广大教师的积极性和主动性，提高教学队伍的整体素质，使教学质量得到总体提升。

2. 教师培训工作

高等职业院校要以国家教育方针和相关政策文件为指导，积极开展教师培训工作，保持教师教学的先进性、生命力和竞争力，促进教师的职业成长和可持续发展。学校要创设多种培训渠道，完善教师培训体系，充分发挥高等职业院校教育师资培训基地的协调作用，扩大培训涵盖的知识面，体现高等职业教育的特点。此外，要保障高等职业院校教师培训经费，加强教师培训需求分析，进一步提高培训的针对性和有效性，提高教师培训工作的质量，可实现高等职业院校与教师的共同发展。

（三）教学质量管理

高等职业院校教学质量管理是学校教育管理工作的中心任务和核心内容。教学质量管理需要结合学校教学目标，确定相应的教学质量标准，通过教学质量标准对教学工作计划的实施情况、教学规章制度的执行情况、教学工作的分析等情况进行综合考核和评价。

（四）教学监控管理

高等职业院校教学监控管理分为教学质量监控和教学过程监控两个部分。通过对教学过程进行检测和检查，能够及时发现教学中存在的问题及其产生的原因，达到改进教学问题，提高教育质量的目的。教学监控管理的开展能够全面评估高等职业院校教学质量，确保学校教育教学工作的顺利开展。教学监控管理过程要全面贯彻教育方针，提高教育质量，强调培养学生的创新精神和实践能力。

三、高职教学管理的基本特点

高职教育与普通高等教育存在着很大的不同，其具体特点表现在：面向基层，面向生产服务第一线，在教育目的上以培养社会需要的实用型人才为主；在专业设置上保持灵活性，根据当前的就业前景和社会需求及时进行调整；在教学内容上以成熟的技术和管理规范为主，根据职业能力而非学科要求来设置教学计划和课程，实训比例较大且注重与企业结合。高职院校教学管理必须从高职教育的特点出发，反映高职教育各个特点的要求。因此，高职院校教学管理的目标是培养技能型和应用型的人才，教学管理的重点是教学质量，高职教学管理的基本特点主要表现在以下几个方面，如图1-2所示。

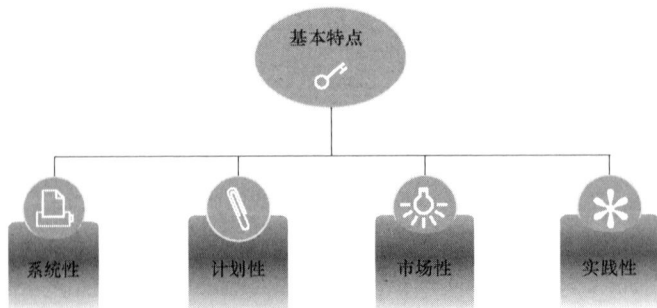

图1-2　高职教学管理的基本特点

（一）系统性

高等职业院校教学工作是一项系统工程，而教学管理工作作为学校管理工作的重中之重，是一个包括学校、教师、系部、教研室、课程团队等在内的综合管理体系，管理内容涉及教学计划、教学进程、教学质量、教师队伍建设等各个方面。高等职业院校的教学管理工作中的各个环节、各个要素组成一个有机的不可分割的整体，它们之间彼此制约、协同发展，从宏观、中观、微观各个层面形成一个完整的管理体系，具有系统性的显著特点。这些功能繁多、要素复杂的综合管理体系是确保教学系统有效运行的重要保证。

（二）计划性

高等职业院校教学管理过程是为培养符合社会发展需要的技术技能应用型人才这个教学目标服务的。因此，在教学管理过程中，要结合人才市场的实际需求和社会发展需要来确定人才培养目标，有计划制定符合实际需要的人才培养方案和课程标准。高等职业院校需要依据专业培养目标来制定发展规划，将规划划分为短期、中期、长期的阶段目标，有目的、有计划地确定达到目标的具体步骤和方法。

（三）市场性

高等职业院校要适应市场经济发展的要求，掌握市场化运行的办学思路和办学方法，充分认识市场化运作的重要性。高等职业院校的市场化是高等职业教育发展的新趋势，要将市场竞争机制充分引入高等职业院校教育管理工作中。高等职业院校在进行专业设置时，要对国家市场经济发展方面的政策方针进行深入研究，综合考虑人才培养的市场因素和周期因素，不仅要考虑社会当前需求，更要考虑社会的长远发展需求，在专业社会方面形成较为鲜明的市场优势，促进毕业生就业率的提高和高等职业院校的可持续发展。

（四）实践性

高等职业教育与普通高等教育具有很大不同，它以注重培养学生的实践能力为重点，这一特点决定了高等职业院校教学管理过程中需要强调实践性环节，加强对学生技术技能培训和职业素质培养工作。一方面，高等职业院校要切实改变教学管理的基本思路，健全实践教学层面的管理制度和措施，加强实践教学课程的设计和具体实施工作，在实习和实训相关设施方面投入更多的资金，构建高标准的实训基地，保证实践教学的实效。另一方面，要提高专业理论型教师和行业技术型教师的水平，提高教师知识结构的实践性，既要有充足的专业知识储备，又要有具备较强的专业技能，在理论和实践方面都能够引导与帮助学生进步。

第二节 高职教学管理的规律与原则

高职教学管理需要遵循一定的规律和原则，实现教学活动和人才培养的具体目标。科学、有效的高职教学管理能够促进教学水平的提升，是教学质量和实现人才培养目标的重要保证。

一、高职教学管理的规律

高职教学管理具有相对的独立性和自身的规律性，需要与教学活动相适应。高职教学管理过程中要遵循以下规律（见图1-3）。

（一）整体的系统性

高职教学管理体系是一个整体的系统，需要以较低的人力、资源、费用成本实现效益的转化，培养出尽可能多的优秀合格人才。高职教学管理的系统性主要体现在教与学双方作为一个有机的整体，以教学质量要求和人才培养需求为基本目标，通过教学过程中双方的有效协同，教师有目的、有计划地进行启发和指导，学生积极、主动地学习，有效协调和组织好彼此之间的互动和融合，发挥整体效应和优势，促进学生的成长、成才。

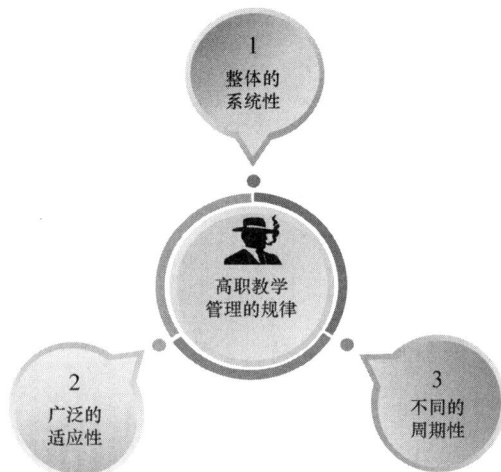

图 1-3　高职教学管理的规律

此外，高职教学管理作为整个院校管理母系统中的一个子系统，它的顺利运行离不开人力资源管理系统、行政管理系统、保障管理系统等其他子系统的协同和配合。因此教学管理工作一方面要在自己的子系统内达到内部的优化和调整；另一方面要在高职院校其他子系统的支持下，促进整体系统管理体制、效益功能的有效提升。

（二）广泛的适应性

高职教学管理的主要对象是具有主观意志的教与学的双方，因此在教学管理活动中要结合教与学活动主体的规律性和随机性，具有广泛的适应性。首先，高职教学管理活动在制订教学计划、教学活动实施的过程中，需要结合不同时期教与学对象的具体情况，具有针对性地制定教学分目标、教学计划等，使整个教学管理过程达到协调化、高效率和最优化。其次，高职教学管理要适应可持续发展的需求，既要立足现在，又要放眼未来。不仅要能够使学生学到坚实的理论基础知识和专业技术技能，而且能够适应时代发展的需要，了解最新的行业发展动态，进入工作岗位后能够适应工作需要，为进一步发展打好坚实的基础、创造良好的条件。

（三）不同的周期性

高职教学管理是一项具有很强周期性的工作。上至学校领导，下至每个具体的教学管理工作者，都在周而复始地进行一期接一期的工作。周期有长有短，最长是学制周期，还有学年、学期、课程的周期等。周期性工作的最大特点是规律性强。若教学管理工作者掌握了每个工作周期的特点和内容，则可以有步骤地总结经验、提高效率，不断推动教学管理工作前进。周期性工作也要注意不断汲取环境信息，防止因循守旧，故步自封。尤其要注意职业教育发展不同历史时期的特点，总结经验教训，不断改革创新。特别是新时代发展背景下，高职教育管理应该广泛借鉴国内外高职学校教学管理方面的成功经验，具备国际化、发展化的长远目光，结合本校实际情况，建立特色的教学管理模式。

二、高职教学管理的原则

高职教学管理需要遵循一定的原则，无论是教学管理目标、教学管理内容还是教学管理过程，都需要在一定原则的指导下有序进行。高职教学管理需要遵循方向性、民主性、科学性、规范性、教育性、主体性等原则，具体见图1-4。

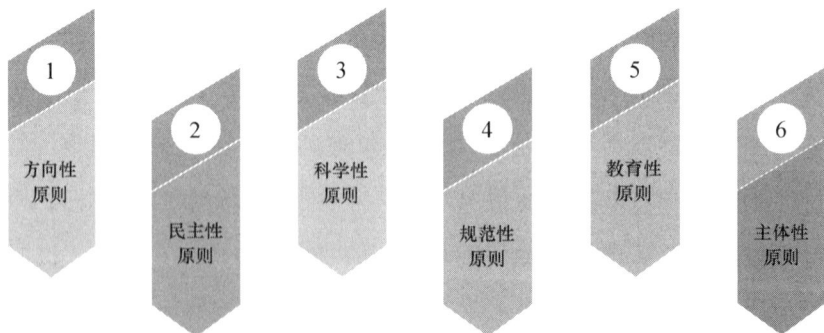

图 1-4　高职教学管理的原则

（一）方向性原则

高职教学管理作为一种有目的性的活动，需要在一定方向指导下进行。首先，高职教学管理工作要坚持党的领导。坚持党的领导是高职教学管理工作社会主义方向的根本保证和基本要求。在教学管理中要坚决执行党的政治路线、思想路线和组织路线，坚持党和国家的教育方针和政策。其次，高职教学管理要坚持马列主义、毛泽东思想，认真学习和宣传党和国家的方针政策，善于用习近平新时代中国特色社会主义思想的立场、思想和方法去观察和分析教务管理工作中的各种现象，解决遇到的各种实际问题。

（二）民主性原则

高职教学管理要遵循民主性的原则，充分调动全体教职员工的积极性和主动性，发挥民主作风，使全体教职员工共同参与到学校的教学管理工作中，发挥人民群众的集体力量和智慧，一起把学校教学管理工作做好，把学校办好。高等职业院校教务管理工作民主性原则贯彻过程需要做好以下几点工作：首先，要充分调动教师的积极性。在高职教学管理工作中，要做到对广大教师的充分尊重和信任，满足教师的合理要求，急教师之所急，想教师之所想，有效激发他们的工作热情，使教师认识到自己工作的社会意义，提高他们工作的积极性。要建立科学的岗位责任制，赋予教师一定的自主权，激发他们的主人翁意识，使广大教师积极参与到学校教务管理工作中来。要采取科学合理的激励措施，采用目标教育激励、情感教育激励、赏识教育激励等激励手段，充分调动广大教师的积极性和主动性，使他们以饱满的热情投身到学校教务教学工作中。其次，要充分调动学生的积极性。高职教学管理工作民主性原则的贯彻除了要充分调动教师的积极性外，学生积极性的调动也不可忽视。学生是学校的主体，教务管理工作中要深入了解学生的情况，把学生工作深入到教学管理工作中去，真正做到教育育人，服务育人。要积极培养学生的主人翁意识，引导他们关心学校活动，关心教学管理工作，培养他们的自治和自理能力。

（三）科学性原则

高职教学管理工作要坚持科学性的原则，以科学理论为指导，自觉遵循教育教学的客观规律，善于运用现代科技手段来管理学校的教学工作。高校教学管理工作需要以科学理论作为指导。高职教学管理工作需要以教育学、社会学、管理学、心理学等学科理论知识作为指导和依据，体现以人为本的思想，以提高学生综合素质为目的，结合学生身心发展特点和认知规律来开展，努力提高教学管理工作的质量和效率，培养全面发展的高素质人才。此外，高职教学管理工作要遵循教育教学的客观规律。高职教育教学过程既是理论知识的认知和学习过程，同时也是实践技能的学习和掌握过程，要做到理论与实践相统一。在教学过程中，教与学是相互影响，相互促进的两个方面，教育教学的最终效果取决于教学中诸要素发挥的合力，因此，高职教学管理工作中要遵循以上客观规律，促进理论与实践、教与学等各方面的协调发展。

（四）规范性原则

高职教学管理要遵循规范性原则，保证学校的教学管理工作能够严格有序地开展。首先，要保证各种规章制度的建立和健全。高职院校规章制度的建立和健全能够使教学管理工作有章可循，实现科学管理的制度化、规范化。在新的时代背景下，高职教学管理工作要依靠法律制度推进制度建设，结合本校的实际情况，形成高职教学管理自我发展、自我约束的机制。高职院校的规章制度是关系学校发展的根本性和全局性因素，只有建立和健全各项规章制度建设，准确把握规章制度建设发展的趋势和方向，坚持守正与创新并举，不断完善规章制度建设，切实提升高职教学管理的现代化水平。其次，高职教学管理要适应时代发展的要求而不断进行规范完善。不但一些常规性的规章制度会随着时代的变迁而发生变化，对学校不同年级、不同阶段的常规管理也都是不断变化发展的。因为学生的身心发展有其内在的特点和规律，学生对事物的认知也会随着心理的成熟而不断发展提高，因此高职教学管理工作要不断进行规范和完善。

（五）教育性原则

教育性原则要求高等职业院校教务管理工作各项活动、工作内容、工作方法等都要起到教育作用。高职教学管理工作者的教育性。高职教学管理工作者要为广大师生树立榜样，努力提高自己的综合素质和业务能力，做到爱岗敬业，以严格标准要求自己。在平时工作中，教学管理工作者要注意自己的形象和一言一行，严格遵守各项规章制度，熟悉自己的教务岗位职责，服务好每一个师生，扮演好协调者、管理者，监督者以及指挥者的多重角色。此外，高职教学管理方法要体现教育性。高职院校教育管理工作的一切方法和手段，都要把育人放在首位，体现以人为本和全面促进学生身心健康发展的育人思想。在教务管理工作中要注意方法的严格细致，注意培养学生对客观现实的科学认识，培养其科学观点。

（六）主体性原则

高职教学管理工作要树立教师为主导、学生为教学主体的教学管理理念，积极创新学校教育管理方法，促进教学质量的整体提升，达到培养高素质技术技能人才的目的。教师的主导作用和学生的主体作用是相互统一、相互促进的关系，高职教学管理过程中要充分发挥教师的主导作用和学生的主体作用，促进两者的最佳结合，发挥教学管理的真正效用，促进教学效果和教学质量的提升。高职教学管理要立足以人为本，把学生作为教学主体来实施教学管理，调动学生学习的积极性和主动性，促进学生对理论技术知识的掌握和实践技术能力的提高，促进其全面发展和综合素质能力的提升。在立足于学生为日常教学主体的教学管理理念上，积极改革创新高职教学管理，对促进学生的全面发展有着积极的作用。

第三节　高职教学管理文化建设

　　高职院校教学管理文化是高职院校在培养服务区域发展需要的技术技能人才过程中所形成的，为高职院校师生认同和共享、社会和企业认可的教学管理观念、知识、规范和与之相适应的运行方式与物质形态的总和，是高职院校教学管理行为在文化和观念层面的客观反映，它包含教学管理观念、教学管理制度、教学的外部文化因素与文化环境等几个维度[①]。高职教学管理文化既是高职校园文化的一部分，同时也是提高教学管理质量的重要力量，加强高职教学管理文化建设是现代职业教育发展的必然要求。

一、高职教学管理文化建设的内涵

　　高职院校教学管理文化不仅是"大学文化"大学教学文化、"高职院校教学文化"的引申，而且融入了企业文化的基本理念。它是高职院校办学理念的体现，既包含大学文化、大学教学文化的基本内涵，又融合了企业文化的特色。由于高职院校在办学主体、办学目标、办学路径等方面与普通本科高校有较大的差别，高职院校教学管理文化在一定程度上突出了学生在学习和成长过程中对未来职业发展目标、职业道德、职业能力、职业信念、职业发展等一系列问题的思考与实践。概括来说，高职教学管理文化是指在高职教育教学活动中，教职员工共同遵循的价值观、行为规范、管理制度等因素所构成的文化体系。它既包括教学管理的理念、制度、方法，也包括教职员工的精神风貌、道德品质、敬业精神等。高职教学管理文化建设的核心目标是提升高职院校教育教学质量，培养高素质、高技能的人才。

二、高职教学管理文化建设的重要意义

　　高职教学管理文化建设能够优化高职教学环境、提高高职人才培养质量、

———————————

[①] 强晓华. 高职院校教学管理文化：内涵、特征与功能［J］. 滁州学院学报，2015（3）：51-53.

促进高职内涵发展、突出高职办学特色，具有非常重要的意义，具体见图 1-5。

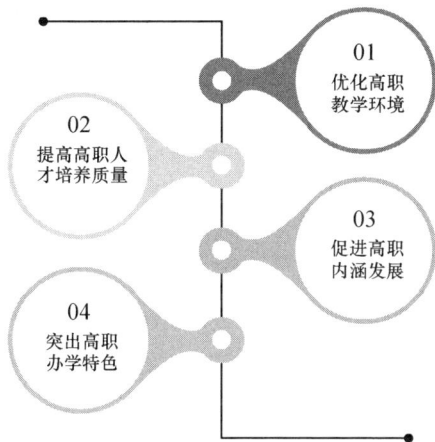

图 1-5 高职教学管理文化建设的重要意义

（一）优化高职教学环境

教学环境是高职教学活动的一个基本因素，教学活动的开展离不开教学环境，高职教学管理文化建设能够促进良好教风、学风、校风和宽松、和谐的人际环境的形成，从而营造良好的教学环境。高职教学管理文化建设是围绕教学活动开展的，通过引进先进的文化理念，丰富学校教学文化活动，形成浓厚的学术氛围、学以致用的人文精神、正确导向的舆论环境，使高职教学环境更加和谐，达到文化育人、文化强校的目的，从而促进高职教育的全面发展。

（二）提高高职人才培养质量

高职教学管理文化建设的核心是理念的创新，通过教学管理文化理念的改革与创新，能够带动教学管理理念的创新，形成更为适应社会经济发展的人才培养模式。高职教学管理文化在提高高职人才培养质量方面具有重要的作用，高校本身就是文化的产物，高校教学管理文化建设是高校的应有之义，它提倡尊重教育规律、尊重人才成长的规律，为高职院校的发展和人才培养质量的提高提供动力。

（三）促进高职内涵发展

高职院校想要提升质量，促进内涵发展，离不开高职教学文化管理的有效推进。高职教学文化管理在一定程度上影响着高职院校发展的节奏和发展方式，是高职教学管理水平提升的内在驱动力，能够有效教学管理效益和质量的提高，有利于良好的师德师风建设和教师专业化素养的形成，是实现高职院校健康、可持续发展的必由之路。

（四）突出高职办学特色

高职院校的办学特色是其实现可持续发展的基础，也是其区别于其他高职院校的个性所在。高职教学管理文化能够突出高职办学特色，体现高职院校在人才培养方面的特殊优势，使其在激烈的高职职业教育市场竞争中立于不败之地。高职院校只有在高职教学管理文化建设的引导下，坚持特色化和品牌化发展的道路，才能够发挥凝聚力和向心力的作用，实现科学的可持续发展。

三、高职教学管理文化建设的基本特点

高职教学管理文化具有职业性、多元性、实用性、实践性能等基本特点，具体见图 1-6。

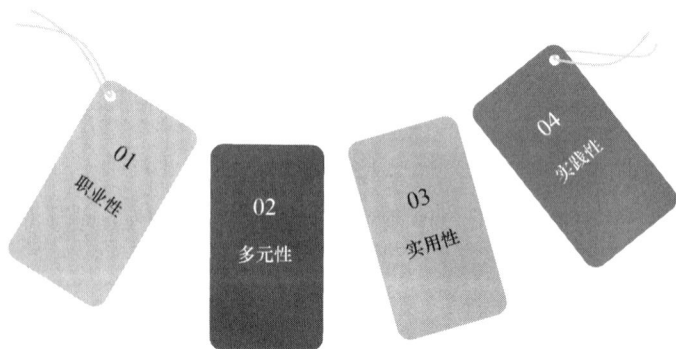

图 1-6　高职教学管理文化建设的基本特点

（一）职业性

高职院校的职业性是其最明显的特征，它贯穿于高职教学的整个过程之中。高职教学的目标是为社会发展培养高素质的技术技能人才，不但要具备专业的知识和技能，还要具备良好的职业道德和职业素养，这就决定了高职教学管理文化职业性的根本特点。高职院校的人才培养目标要求学生从入学开始就要有明确的职业定位，立足行业发展需求，以职业和职业岗位群为依据，人才培养方案、专业建设、课程设置等方面都要围绕学生未来职业的发展，将行业文化、企业文化渗透于教学管理文化之中，构建学生的知识、能力、素质结构，着眼于学生相关职业兴趣和职业道德的培养。要将职业教育相关内容融入高职教学管理文化建设中，将职业特色与课程教学充分结合，帮助学生完成由学校学生到社会职业角色的转换，培养其职业意识、职业素养和职业能力。现阶段，工匠精神也成为高等教学管理文化的重要组成部分，高等院校不仅要提升学生技术技能的应用能力，更要把工匠精神元素融入教学管理文化之中，让学生感受工匠文化的熏陶和魅力，在潜移默化之中培育其匠心、匠德。

（二）多元性

高职教学管理过程中，不仅需要学校领导、管理人员的参与，还需要来自政府机构、企业、社会各界力量的广泛参与，逐步形成政府主导下，充分依靠企业力量和行业作用，吸纳社会力量广泛参与的多元性办学格局。近年来随着高职教育改革的深入发展，高职教学管理文化的多元性特征更加明显，政府、企业、行业的广泛参与为高职教学管理文化注入了新鲜的血液，能够为高职教学争取到更多的教育资源，提供良好的教育实践基地。特别是随着企业参与高职教学管理事务程度的深入，高职院校要充分吸纳企业的价值观和文化，通过邀请企业技术骨干和专家到校讲座、高职学生到企业进行实践学习等形式，促进高职教学管理文化与企业文化的有效融合，促进学生职业能力和实践能力的提升。

（三）实用性

高职教学管理文化的实用性特征主要表现在高职教育的实用性教学理论。高职教学是一项有目的、有计划的活动，在教学活动开展之前就已经确立的教学目的，教学活动是在教学目的的指导下得以系统开展的，高职教学管理活动也需要服从并服务于预定的教学目的。高职院校教学注重学生实践能力的培养，注重学生对技术技能的掌握和知识技能的实用性价值，围绕培养学生的职业能力为中心，强调实用性的原则，教学管理活动的开展也围绕这一原则来进行。在培养对象、专业设置、课程设计等各方面，都要以适应社会经济发展的需要为基础，否则，背离了实用性的原则，任何形式的教学改革和课程创新以及人才培养方案的制定都会失去实际存在的价值。

（四）实践性

实践性是高职教学管理文化形成的基础。高职教学的特点和人才培养目标决定了其实践性的基本特点。高职教学注重学生实践能力的培养，侧重理论知识和实践应用能力的结合，通过教学活动的开展，达到学以致用的目的，这也是高职院校与其他本科学校的根本不同之处。高职院校注重对学生就业能力、创新创业能力等个人实践能力的考察。在学校教学管理过程中需要紧密结合各行各业的实际情况，通过建立仿真性的实验室、建设校内外实训基地等形式，促进学生技术技能和实践能力的提高。此外，高职院校教学质量评价方面也更侧重于对学生实践能力、知识转化能力、操作能力等实际能力的考查，可以说，职业学校教学的实践性特点决定而来高职教学管理文化的实践性，实践性是高职院校文化管理的基础特征。

四、高职教学管理文化建设的主要功能

高职教学管理文化形成于教学实践过程之中，与社会文化系统具有密切

的联系，是社会主流文化方向的体现。高职教学管理文化是学校文化的重要组成部分，它以学校文化为背景和基础，是学校特色文化系统的反映和展现。教学管理文化的主要功能具体体现在以下几个方面（见图1-7）。

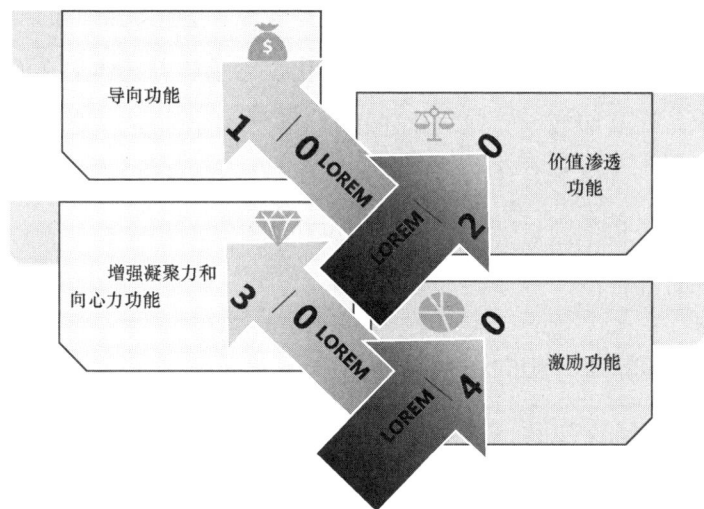

图 1-7　高职教学管理文化建设的主要功能

（一）导向功能

文化形式是决定教育制度性质的力量之一[①]。高职教学管理文化建设对其成员的思想认识和价值取向具有引导规范的导向功能。高校教学管理文化建设能够起到鲜明的导向作用，以保证高职院校的发展方向和人才培养目标，体现学校的办学精神。在高校教学管理文化的引导下能够逐渐形成与之相适应的教学环境和文化氛围，使全校师生朝着同一方向共同努力奋斗。此外，高校教学管理文化建设有利于对高职学生形成一定的价值导向，引导他们建立并逐渐形成正确的世界观、人生观和价值观，树立正确的人生态度和理想目标，实现人生理想和社会理想。

---

① （美）艾萨克·康德尔. 教育的新时代 比较研究 [M]. 王承绪，译. 北京：人民教育出版社，2001：41.

（二）价值渗透功能

高职教学管理文化建设能够产生一定的价值影响，以隐含的、潜移默化的方式形成渗透作用。高校教学管理文化是代表社会主流价值的一种规范文化，是适应国家发展需求和社会期待的文化，它承载着集体主义的价值思想和价值观念。在高职教学管理文化建设中，这种主流价值文化通过与多元价值文化的融合，渗透到具体的教学管理文化建设操作过程中，对高职教学管理文化中个体价值的随意性进行有效约束和弥补，对整个教学管理过程产生积极影响和有效价值渗透。

（三）增强凝聚力和向心力功能

凝聚力和向心力是指团队成员为实现团队活动目标而团结协作的程度。高职教学管理文化建设能够有效增强凝聚力和向心力的功能，对个人能够起到塑造人格、规范行为、实现社会化的功能，使个人的个性文化能够有效融入团队文化，相互适应、相互促进，从而培养共同的情感，形成共同的理想，促进凝聚力和向心力的增强。高职教学管理文化建设能够促进集体精神和团队精神的形成，激发广大师生的潜在能力，有效促进高职院校教学效率和办事能力的提高，形成和谐、生动、健康的高职教学管理文化，彰显高职院校的独特魅力。

（四）激励功能

高职教学管理文化建设能够有效激发广大高职师生员工的积极性、主动性和创造性，促使他们形成不畏艰险、开拓创新的奋发进取精神，对消极、负面的思想意识和价值观念进行自觉抵制，提升个人的思想境界、磨练坚强意志。高职教学管理文化建设需要全校师生共同创造形成，它充分体现了一所院校在思想意识、价值理念、工作作风、行为方式等方面的共同追求和归属感。高职教学管理文化建设能够在师生之间、同学之间、同事之间、上下级之间建立一种互帮互助的氛围，有效激发个人、团队的进取心和奋发向上的战斗力。此外，高职教学管理文化建设还能够激发广大师生员工的进取精神和竞争意识，促使他们发挥自身特长、充分挖掘潜力。总之，高校教育管理文化建设能够形成一种有效的激励氛围，使高职院校的每一位成员都能够在和谐积极的文化氛围中努力学习、工作，形成一种良性循环，激励广大师生员工为实现自己的目标而不懈奋斗。

五、高职教学管理文化建设的具体路径

高职教学文化管理建设是一个持久的过程，需要高职院校在实践过程中不断努力，不断改进，以确保教学管理文化的持久稳定和可持续发展。高职教学管理文化建设的具体路径见图1-8。

（一）树立现代高职教育理念

高职教学管理文化建设过程中要树立以人为本的现代高职教育理念。高职教育的根本任务是培养具备实际应用能力的专门人才。因此，高职院校应确立以学生为本的教育理念，关注学生的需求和发展，使教育教学活动更加符合学生的特点和需求。以人为本的现代职业教育理念能够有效调动教学过程中教与学、教师与学生双方的积极性，尊重学生主体地位，发挥教师的主导作用，围绕学生的成才和教师的专业化发展开展相关活动。为实现以人为本的教学管理文化，需要在现代教学管理改革中更新观念、确立以人为本的管理理念。这包括转变观念、提高认识、增强服务意识、确立功能定位，以及形成现代教学管理文化的应然价值选择。

（二）倡导职业教育的价值观

职业教育作为现代社会人才培养体系的重要组成部分，高职教育旨在培养学生的职业技能和素质，使其适应社会发展的需求，再为社会提供具备专业技能、职业素养和创新能力的应用型人才。因此，高职教学管理文化建设

应倡导职业教育的价值观，提升职业教育在社会和教育界的地位，具体可以从以下几个方面着手：

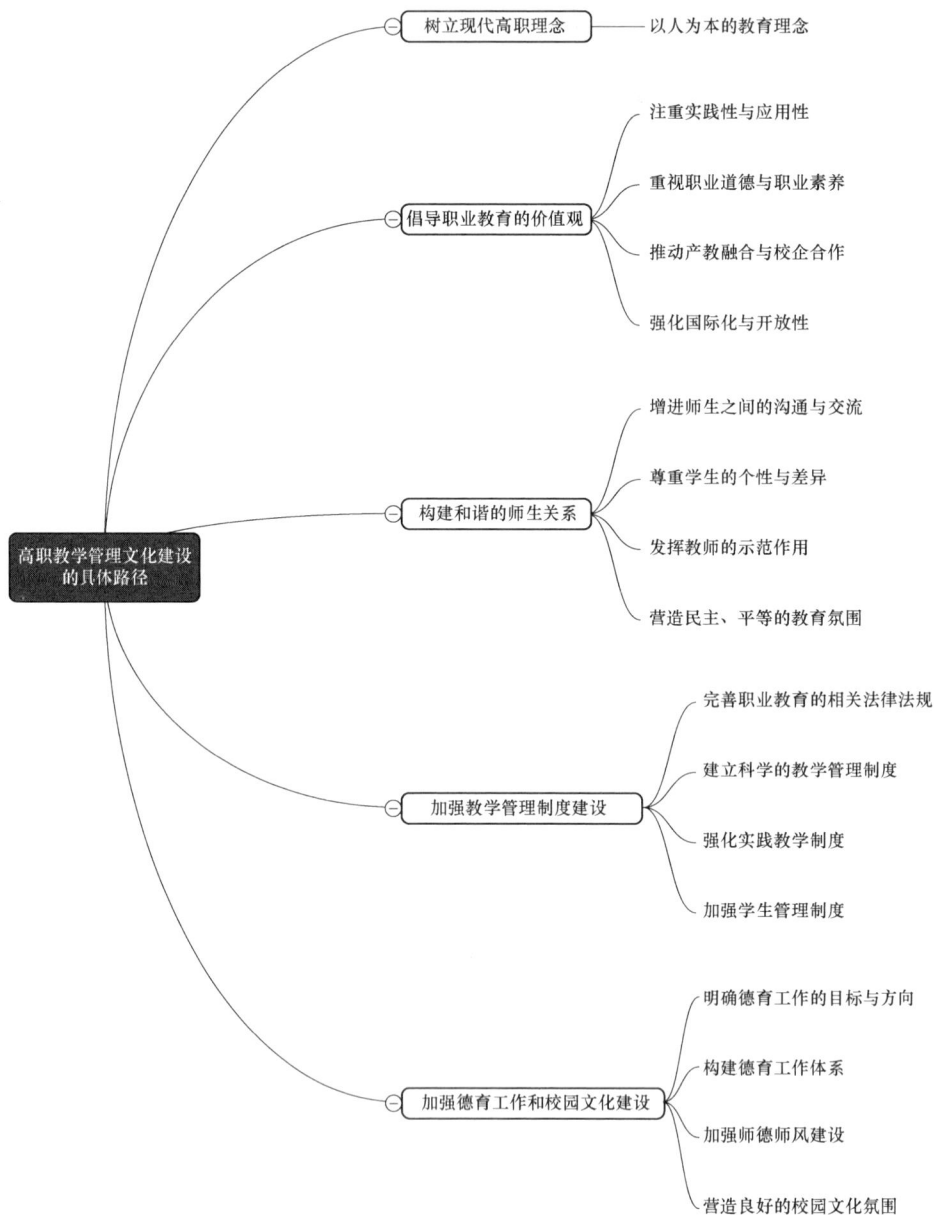

图 1-8　高职教学管理文化建设的主要功能

1. 注重实践性与应用性

职业教育的核心价值之一在于强调实践性与应用性。职业教育旨在培养具备一定专业技能和实践能力的人才，使他们能够迅速适应社会需求，为经济发展和社会进步作出贡献。因此，职业教育应该结合行业发展趋势，制定针对性强、与实际生产相结合的课程体系，注重培养学生的实际操作能力。

2. 重视职业道德与职业素养

职业教育应该注重培养学生的职业道德和职业素养。除了专业技能外，良好的职业素养和道德品质对于个人在职场取得成功至关重要。职业教育应该将职业道德教育纳入课程体系，帮助学生树立正确的职业观念，培养他们的团队合作精神、沟通能力和创新思维。

3. 推动产教融合与校企合作

职业教育的价值观强调产教融合与校企合作。倡导密切校企合作，以便更好地了解行业发展动态、技术进步和用人需求，提高教学质量和实效。此外，加强产教融合，推动教育资源和生产实践相结合，有助于提高学生的实践能力和应用技能，为企业输送更具竞争力的人才。

4. 强化国际化与开放性

职业教育的价值观要强化国际化与开放性。倡导职业教育与国际接轨，引进优质的国际教育资源，培养具备国际视野和跨文化沟通能力的人才。同时，职业教育应积极开展国际合作与交流，推动教育资源共享，提高职业教育的整体水平和国际竞争力。

（三）构建和谐的师生关系

高职教学管理文化建设中和谐师生关系的构建对于提高教育教学质量，以及促进学生全面发展具有重要意义。在和谐的师生关系中，师生能够相互信任、尊重和支持，共同追求学术进步和个人成长。构建和谐师生关系需要从以下几个方面着手：

1. 增进师生之间的沟通与交流

有效的沟通是构建和谐师生关系的基础。教师应该关心学生的学习和生活，主动与学生进行沟通与交流，了解他们的需求、困惑和期望。同时，教师还应该鼓励学生提出问题和建议，积极回应他们关注的问题，创造一个开放、民主的教育环境。

2. 尊重学生的个性与差异

每个学生都有自己独特的个性和优势，教师应该尊重和关注学生的个性差异，因材施教。在教学过程中，教师应该关注学生的兴趣、特长和潜能，发挥他们的主动性和创造性，帮助他们发现和解决问题，激发他们的学习动力。

3. 发挥教师的示范作用

作为教育工作者，教师应该具备高尚的师德和专业素养，成为学生学习的榜样和引路人。教师应该关心国家和社会发展，关注时事政治，具备广泛的知识面和世界观，以实际行动影响和感染学生，提高他们的思想境界和价值追求。

4. 营造民主、平等的教育氛围

构建和谐师生关系需要营造民主、平等的教育氛围。教师应该摒弃权威主义，尊重学生的意见和建议，鼓励他们参与课堂讨论和学校管理。同时，教师还应该关注学生的心理健康，培养他们的自尊、自信和自主能力，帮助他们克服学习和生活中的困难。

（四）加强教学管理制度建设

制度是管理活动的基石，高职教学管理文化建设中的制度文化建设是一种对教育活动的规范与约束，是教育事业发展的保障。制度文化建设在高职教学管理中起到了重要作用，有助于提高教学质量和培养高素质的技能型人才。具体来说，高职教学制度文化建设要做好以下几个方面的工作：

首先，要完善职业教育的相关法律法规体系。在制度文化建设中，教育法律法规体系起到了基础性作用。高职院校应该遵循国家教育法律法规和政策，制定并完善与之相适应的校内管理规章制度，确保教育教学活动的合法性、合规性。学校应该加强对师生的法律法规教育，增强师生的法制意识。其次，要建立了科学的教学管理制度。高职教学管理的制度化是提高教学质量的关键。学校应该建立科学的教学管理制度，包括课程设置、教学计划、教学组织、教学评价等方面的规定，确保教育教学活动的规范性和有效性。此外，学校还应该制定教师职责明确、考核合理的管理制度，激发教师的教学热情和创新能力。再次，要强化实践教学制度。实践教学是高职教育的核心。学校应该强化实践教学制度建设，建立健全实习、实训、毕业设计等方面的规定，保障实践教学的质量和水平。同时，学校还应该与企业建立合作关系，为学生提供丰富的实践教学平台，培养学生的职业技能和实际工作能力。最后，要加强学生管理制度。在高职教学管理中，学生管理制度是培养学生综合素质的关键。学校应该加强学生管理制度建设，制定学生管理条例，明确学生的权利与义务，规范学生的行为。同时，学校还应该建立健全学生评价、奖惩、辅导等制度，关注学生的成长发展，提高学生的综合素质。

（五）加强德育工作和校园文化建设

高职教学文化管理中，德育工作与校园文化建设是培养学生全面发展的关键环节。德育工作旨在培养学生的道德品质、价值观和公民素质，而校园文化建设则是通过营造良好的教育环境，促进学生个性发展和全面成长。加强德育工作与校园文化建设的具体措施如下：

首先，要明确德育工作的目标与方向。高职教育旨在培养具备高素质、高技能的人才，因此，在德育工作中，应明确德育目标，坚持立德树人，培养学生的社会责任感、敬业精神和团队合作意识。此外，学校还应关注学生的心理健康，引导学生树立正确的价值观和人生观。其次，要构建德育工作体系。学校应构建德育工作体系，将德育工作融入课程教育、课外活动、实践教学等各个环节，形成立体化、全方位的德育教育。在课程设置中，学校可开设思想政治课程、职业道德课程等，引导学生明辨是非，提高道德素养。同时，学校还应开展丰富的课外活动，如志愿服务、社会实践等，培养学生的社会责任感和公民素质。再次，要加强师德师风建设。师德师风建设是德育工作的关键。学校应重视教师队伍建设，选拔品学兼优的教师，加强师德师风教育和培训。教师在教学中要起到表率作用，传递正能量，引导学生树立正确的价值观。最后，要营造良好的校园文化氛围。校园文化氛围对学生的成长具有重要影响。学校应通过举办各类文化活动，如书画展、诗歌朗诵、戏剧表演等，丰富校园文化生活，提高学生的文化素养。此外，学校还应注重校园环境优化，创设安全、和谐、美丽的校园环境，使学生身心愉悦，促进学生良好品质的培养。

第二章 高职教学管理的
理论基础与基本理念

第一节 高职教学管理的理论基础

高职教学管理需要综合运用教育学、管理学、心理学等多种学科的知识，注重学生的全面发展，促进教育教学质量的提高。在实际教育管理过程中要不断探索和创新，培养出更多的应用型、技能型人才。高职教学管理的理论基础具体包括以下几个方面：

一、教育学方面的理论基础

高职教学管理中，教育学方面的理论基础对于指导高职教育的发展具有重要意义，具体阐述如下（见图2-1）。

（一）教育目的论

教育目的论是教育学的核心内容之一，它研究教育活动的最终目标和价值取向。在教学管理中，明确教育目的有助于指导教学活动的开展，确保教育资源的合理配置，使教育过程更加符合人的发展规律。教育目的应以培养全面发展的人为核心，注重德、智、体、美各方面的协调发展，从而使学生具备良好的职业素养和社会适应能力。教育目的论对高职教学管理具有重要的指导意义，它关注教育活动的目标、价值和意义，能够明确教育方向、合

指导教学活动的开展

对高职教学管理具有重要的指导意义

促进学生个体全面发展

教育目的论

对教育内容进行确定

对教育内容进行合理的组织和安排

对教育内容的评价

教育内容论

高职教学管理教育学方面的理论基础

以学生为中心的教育理念

注重实践性和应用性

素质教育与技能培训相结合

教学管理与质量保障

创新教学方法和手段

教育方法论

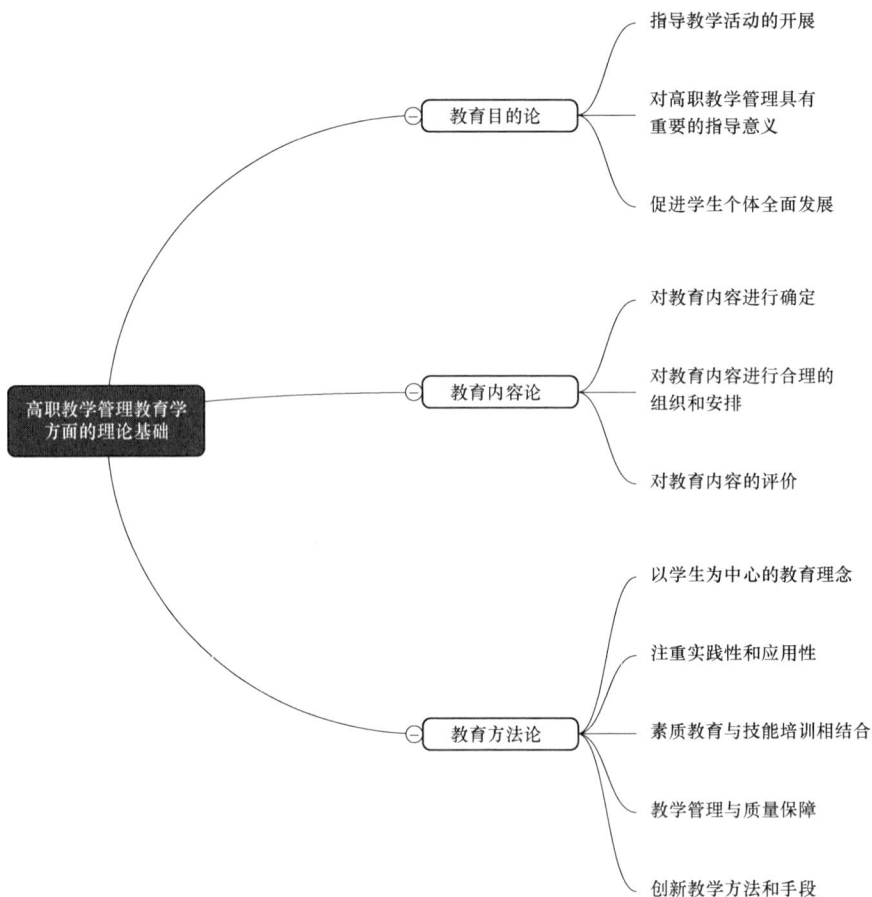

图 2-1　高职教学管理教育学方面的理论基础

理配置教育资源，从而有效提升教育质量。教育目的论强调教育应以促进学生个体全面发展为核心，注重学生的智力、道德、情感、体育、审美等多方面的协调成长。教育目的论认为，教育应培养学生具备良好的社会适应能力，使其能够在不断变化的社会环境中立足，为社会发展作出贡献。

（二）教育内容论

教育内容论是教育学领域中的一个重要分支，它关注教育活动中的内容安排和组织，以及如何根据学生的发展规律和社会需求来设计教育内容。教育内容论的核心问题是如何确定教育内容、如何组织和安排教育内容，以及如何评价教育内容的有效性。

教育内容论首先要对教育内容进行确定，主要从以下几个方面进行考虑：其一，教育内容的确定首先要考虑社会的需求。教育内容应当反映社会的发展趋势和人才需求，以满足社会经济、科技、文化等领域的发展需求。因此，在确定教育内容时，要充分了解社会对人才的需求，以便为社会培养合格的人才。其二，教育内容的确定还要考虑学科的发展。随着科学技术的不断进步，各个学科领域的知识体系也在不断更新和发展。因此，在确定教育内容时，要关注学科的发展趋势，以便将最新的学科知识纳入教育内容。其三，教育内容的确定还要考虑学生的发展规律。教育内容应当符合学生的认知、情感、意志等方面的发展特点，以便满足学生个体差异化的发展需求。因此，在确定教育内容时，要充分了解学生的发展规律，以便为学生提供适宜的教育内容。

其次，对教育内容进行合理的组织和安排，具体从以下方面着手：其一，教育内容的组织和安排要遵循学科知识的内在逻辑结构。通过对学科知识的系统梳理，可以形成一个完整、科学的知识体系。因此，在组织和安排教育内容时，要关注学科知识的逻辑结构，使教育内容具有明确的知识层次和逻辑关系。其二，教育内容的组织和安排还要考虑知识的整合。将不同学科的知识融合在一起，可以促进学生全面、综合地理解和掌握知识。因此，在组织和安排教育内容时，要注重知识的整合，使学生能够在多学科的交叉领域中获得更为深刻的理解和应用能力。其三，教育内容的组织和安排应顺应学生的认知发展阶段。从简单到复杂、从具体到抽象的教育内容安排有助于学生逐步建立起完整的知识体系。因此，在组织和安排教育内容时，要关注学生的认知发展特点，使教育内容与学生的认知能力相适应。其四，教育内容的组织和安排应具有一定的灵活性，以适应学生的个体差异和实际需求。通过个性化的教育内容安排，可以更好地满足不同学生的学习需求，提高教育质量。因此，在组织和安排教育内容时，要根据学生的个体差异和实际需求进行灵活调整。

再次，对教育内容的评价。教育内容的评价首先要关注其有效性。有效的教育内容可以促进学生的认知、情感、意志等方面的发展，提高学生的综合素质。因此，在评价教育内容时，要从学生的发展进步、知识技能的掌握程度等方面进行综合评价。教育内容的评价还要关注其适宜性。适宜的教育内容应当符合学生的发展规律，满足学生的个体差异化需求。因此，在评价教育内容时，要从学生的发展特点、学生对教育内容的接受程度等方面进行评价。此外，教育内容评价还要具有创新性和实用性。创新的教育内容可以激发学生的学习兴趣，培养学生的创新能力和批判性思维。因此，在评价教育内容时，要从教育内容的独特性、创新性等方面进行评价。实用的教育内容可以帮助学生解决实际问题，提高学生的实践能力。因此，在评价教育内容时，要从教育内容的实际应用价值、对学生的职业发展等方面进行评价。

（三）教育方法论

教育方法论是研究高等职业教育教学管理的科学方法、原则和规律的理论体系。高职教育是培养高级技能型人才的一种教育形式，具有很强的应用性和实践性。为了提高高职教育教学质量，高职教学管理理论基础上的教育方法论提出了一系列教学管理原则和方法，关注如何将教育内容有效传授给学生，强调如何激发学生的学习兴趣，培养学生的创新思维和创新能力，以满足社会对高级技能人才的需求。下面进行详细阐述：

1. 以学生为中心的教育观念

高职教育方法论强调以学生为中心，关注学生的个性差异和发展需求。在教学过程中，教师应充分挖掘学生的潜能，关注学生的兴趣、特长和发展方向，调动学生的积极性、主动性和创造性，促使学生全面发展。

2. 注重实践性和应用性

高职教育方法论强调实践性和应用性，要求教学活动紧密结合社会实际，培养学生的实际操作能力。在教学过程中，教师应注重实践教学环节的安排，将理论教学与实际操作相结合，提高学生的综合素质和实践能力。

3. 素质教育与技能培训相结合

高职教育方法论提倡在技能培训的基础上实施素质教育，培养学生的创新能力、团队协作能力和跨文化交流能力。教师应关注学生的职业素养和人文素养培养，将学科知识与职业技能、人文素养相结合，使学生在掌握专业技能的同时，具备较高的综合素质。

4. 教学管理与质量保障

高职教育方法论强调对教学管理和质量保障的重视。为提高教育教学质量，高职院校应建立健全教学管理制度，加强对教师队伍建设的培训和指导，优化课程设置和教学资源配置。同时，要加强对教学过程的监控，确保教学活动的有效性和规范性。

5. 创新教学方法与手段

高职教育方法论倡导运用现代教育技术和多元化教学手段，提高教学活动的针对性和有效性。教师应根据学生的实际情况和发展需求，灵活运用案例教学、项目式教学、网络教学等多种教学方法，提高学生的学习兴趣和自主学习能力。

二、管理学方面的理论基础

管理学理论能够为高职教学管理提供系统的方法和理念，具体涉及泰勒科学管理理论、马斯洛需求层次理论、赫兹伯格双因素理论的等几个方面的理论，具体如图 2-2 所示。

图 2-2　高职教学管理管理学方面的理论基础

（一）泰勒科学管理理论

弗雷德里克·泰勒提出的科学管理理论主张通过系统地分析和改进工作流程，提高劳动效率。在高职教学管理中，科学管理理论的应用可以优化教学过程，提高教学效果，确保教学资源的合理分配和利用。高职教学管理过程中，要充分运用科学管理理论，对教学资源、教学计划、课程设置、实践环节等方面进行科学的分析与决策。这要求管理者具备数据分析能力，运用统计学、运筹学等方法，为决策提供可靠的依据。通过制定教学管理规范和标准化流程，提高教学过程的规范性和一致性。包括教学计划的制定、课程安排、教学评价体系建设等方面，确保高职教学过程的顺畅与高效。泰勒科学管理理论强调对员工进行培训和激励，提高员工的工作效率。在高职教学管理中，应关注教师队伍建设，提供专业培训和激励机制，提高教师的教学能力与工作积极性。

（二）马斯洛需求层次理论

马斯洛需求层次理论是 1943 年由美国心理学家亚伯拉罕·马斯洛提出的基于人本主义科学的积极理论，他把人的需求分为生理需求、安全需求、社交需求、尊重需求和自我实现需求五种需求。按照马斯洛的观点,这五种需求按照从低级到高级的次序进行排列,生理需求、安全需求、社交需求、尊重需求属于基本需求,自我实现需求属于发展性的需求,人只有在基本需求得到满足的时候,才能进一步去追求发展性的需求,实现个体健康成长和自我价值实现的需求。

高职教学管理需要关注教师在不同层次的需求,通过满足教师的各种需求,激发其教学积极性,提高教学质量。在满足教师生理需求方面,高职院校应提供具有竞争力的薪资待遇和良好的工作环境。合理的薪酬制度是吸引和留住优秀教师的关键因素。高职院校应根据市场行情和教师的专业知识、教育经验等因素,制定合理的薪酬标准。此外,高职院校还应为教师提供舒适的办公环境、教学设施和教学资源,以满足教师的基本生活需求。在满足教师安全需求方面,高职院校应为教师提供稳定的工作岗位和职业发展空间。这意味着高职院校需要为教师提供相对稳定的职位,并制定明确的晋升制度,使教师能看到自己在职业生涯中的发展前景。此外,为教师提供一定的保障措施,如医疗保险、退休金等福利,也有助于增强教师的安全感。在满足教师社交需求方面,高职院校应营造和谐的团队氛围,鼓励教师之间的交流与合作。这包括组织定期的教师座谈会、研讨会等活动,让教师有机会分享教学经验和心得,互相学习和借鉴。同时,高职院校还应关注教师的心理健康,定期开展心理辅导和关爱活动,帮助教师应对工作压力,满足教师的归属感和友谊需求。在满足教师尊重需求方面要求管理者尊重教师的专业知识和教育经验,给予教师足够的自主权和决策权。这有助于满足教师的尊重和认可需求,从而激发他们的积极性。在满足教师自我实现需求方面需要关注教师的个人成长和专业发展。管理者应为教师提供专业发展和个人成长的机会,支持教师参与课题研究、教育创新等活动,帮助他们实现自身价值。

(三)赫兹伯格双因素理论

赫兹伯格双因素理论是由美国心理学家弗雷德里克·赫兹伯格于 20 世纪

50 年代提出的一种工作满意度理论。该理论旨在解释工作场景中什么因素会导致员工满意或不满意，并试图揭示如何提高员工的工作积极性和生产效率。

赫兹伯格双因素理论在高职教学管理中具有指导意义，这一理论关注于激励个体在工作中的满意度和激励因素。理论将影响员工满意度的因素分为两类：激励因素和卫生因素。在高职教学管理中，运用双因素理论有助于提高教师的工作满意度和教学质量。激励因素通常与个体在工作中的成就、认可、工作本身、责任和成长有关。在高职教学管理中，激励因素包括教师的专业发展、教学创新和教育成果等。管理者可以通过制定明确的晋升制度、支持教师进行课题研究和教育创新、对教学成果给予认可和奖励等方式，满足教师在激励因素方面的需求。卫生因素主要涉及与工作环境相关的条件，如薪资待遇、工作环境、管理制度、同事关系等。这些因素在高职教学管理中具有基础性作用，如果没有得到有效满足，可能导致教师的工作满意度降低。管理者应关注教师的薪资待遇，保障其具有市场竞争力；同时，需要为教师提供良好的办公环境、教学设施和教学资源，以满足其基本工作需求。此外，管理者还需关注教师之间的人际关系和团队氛围，促进教师之间的合作与交流。在高职教学管理中，运用赫兹伯格双因素理论，关注激励因素和卫生因素的平衡，可以帮助提高教师的工作满意度和教学质量。这不仅有利于激发教师的积极性和创造力，还有助于培养出更高质量的专业人才。

三、心理学方面的理论基础

高职教学管理中涉及心理学方面的理论基础主要包括学习动机理论、情绪与认知理论等方面，具体如图 2-3。

图 2-3　高职教学管理心理学方面的理论基础

（一）学习动机理论

在高职教学管理中学习动机理论尤为重要，因为它关注激发学生的内在驱动力，从而提高教学质量。学习动机是指个体参与学习活动的心理动力，它影响着学生的学习兴趣、学习投入和学习成绩。理解和应用学习动机理论，有助于教师采取合适的教学策略，提高学生的学习积极性。

自我决定理论是一种广泛应用于教育领域的学习动机理论。该理论强调内在动机与外在动机之间的关系，并主张激发学生的内在动机以提高学习效果。内在动机来源于个体对某一活动本身的兴趣和热情，例如学生对某一课题的好奇心和探索欲。外在动机来自外部刺激，如奖励、惩罚或社会期望等。在高职教学管理中，教师可以采用以下方法激发学生的学习动机：首先，教师应关注学生的兴趣和需求，寻找与学生生活和职业发展相关的课程内容和实例，使学生更容易产生学习兴趣。同时，教师应鼓励学生提出问题、参与讨论和解决实际问题，培养学生的探究精神和创新能力。其次，教师可以设置明确的学习目标和期望，帮助学生树立自信心和成就感。具体而言，教师可以与学生一起制订个人化的学习计划，指导学生设定短期和长期的学习目标，鼓励学生积极努力去实现这些目标。此外，教师还应采用多样化的教学方法和评价方式，以满足不同学生的学习需求和动机。例如，教师可以通过小组讨论、项目合作、案例分析等方式激发学生的合作精神和实践能力；同时，教师可以采用形成性评价和终结性评价相结合的方法，关注学生的学习过程和学习成果，给予学生及时的反馈和支持。

（二）情绪的认知理论

情绪的认知理论认为情绪的产生取决于对刺激环境或事物的评估。这一理论认为，环境事件、生理状态和认知过程三种因素共同影响情绪的产生，其中认知过程是决定情绪性质的核心因素。

在高职教学管理中，重视情绪与认知理论的运用，有助于提高教学质量和满意度。首先，学生的情绪状态对他们的学习认知产生直接影响。积极的情绪可以激发学生的学习兴趣，提高学习效果；而消极的情绪可能导致学生对学习产生抵触，影响学习效果。在高职教学管理中，教师应注意观察学生的情绪状态，引导学生调整情绪，从而使他们更积极地参与学习。同时，教师还应关注课堂氛围的营造，以激发学生的学习兴趣和激情。其次，教师的情绪状态同样会影响到教学效果。教师在教学过程中应保持积极的情绪，以便更好地传递知识和激发学生的学习动力。在高职教学管理中，管理者应关注教师的心理健康和情绪调节，为教师提供良好的工作环境和支持，帮助他们应对工作压力和挑战。此外，定期开展心理健康培训和研讨活动，可以提高教师的情绪管理能力，进而提高教学质量。最后，情绪认知理论在高职教学管理中的应用还表现在对学生心理问题的关注与干预。学生在学习过程中可能遇到各种心理问题，如焦虑、压力过大、自卑等。管理者应建立健全学生心理健康教育体系，提供心理咨询和辅导服务，帮助学生解决心理问题，从而提高学生的学习效果和满意度。

第二节　高职教学管理的基本理念

高职教学管理是实现高等职业教育目标的重要保障。在高职教学管理中，有几个基本理念是必须要遵循的，包括人本理念、就业理念和创新理念，下面进行详细阐述：

一、人本理念

人本理念是一种管理理念，强调以实现人的全面可持续发展为出发点和最终目标，以激发人的积极性、主动性和创造性，实现人的自我价值，促进社会的和谐发展。在高等职业教育中，人本理念是时代发展的客观要求，教育管理必须树立以人为本的教育理念。具体来说，人本教育理念如图 2-4。

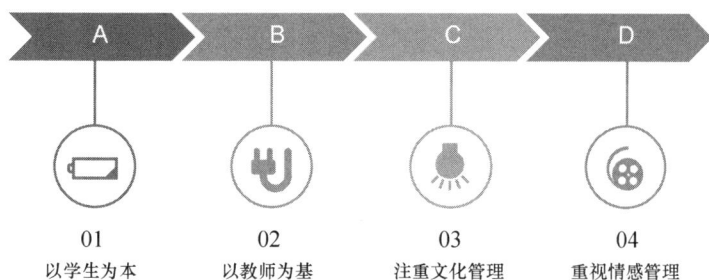

图 2-4　高职教学管理以人为本理念

　　首先，以学生为本。高职教学管理应以学生的发展和实际需求为出发点，充分调动学生的积极性和主动性，挖掘学生潜能，全面推进素质教育的发展。学生在管理中处于主体地位，高职院校要勇于深化教学改革、提高教学质量、创新人才培养模式，培养学生的自主学习能力、实践能力和创新精神。在教学活动的开展中，要重视和谐课堂气氛的创设，师生之间积极互动，充分激发学生的主观能动性。

　　其次，以教师为基。教师是高职院校教育成败的关键因素，没有一流的教师就难以培养出一流的学生。高职教学管理要关注教师的需求，尊重教师的劳动，为教师的发展提供良好的平台和创造良好的工作和生活环境。只有有效调动教师的积极性和主动性，教师在教学中的良好作用才能充分发挥出来，从而培养出更多符合社会需求的高素质技能型人才。

　　再次，注重文化管理。文化管理是利用文化要素和文化资源进行调控的管理行为，是在一定组织内以价值观、行为准则等来约束个人行为的规范整合。高职教学管理中文化管理是以人为本管理理念的最高层次体现。高职院校可以通过营造富于人文精神校园文化，如举办文化沙龙、文化节、文化讲座、人物报告会等形式的校园文化活动，促使师生思想、道德和精神素养在潜移默化中得到提高和升华，责任感、使命感和奉献精神得到强化，逐渐形成趋于一致的价值观和行为规范，形成自由、民主、和谐，富于活力和创造力的校园文化氛围，促进个人、学校和社会的共同可持续发展。

　　最后，重视情感管理。情感管理是一种以人为核心的管理模式，以情绪为动力，以组织为基石，以最大限度发挥人的主观能动性与创新精神为目标，以确保组织核心竞争力与可持续发展能力为宗旨的管理模式。在高职院校管理中善用情感管理，可以使教学管理工作更具有艺术性，通过与教职员工建立情感联系，实现情感的双向交流和积极沟通，从而激发教职员工内在的驱动力和自我约束力，实现有效管理。

二、就业导向理念

高职教学管理要树立就业导向理念，以人才就业市场为导向，走产学研相结合的道路，培养学生的就业能力、创新能力和创业能力，注重实践教学，帮助学生树立正确而良好的就业观念。就业导向理念主要包括以下几方面内容（如图 2-5）。

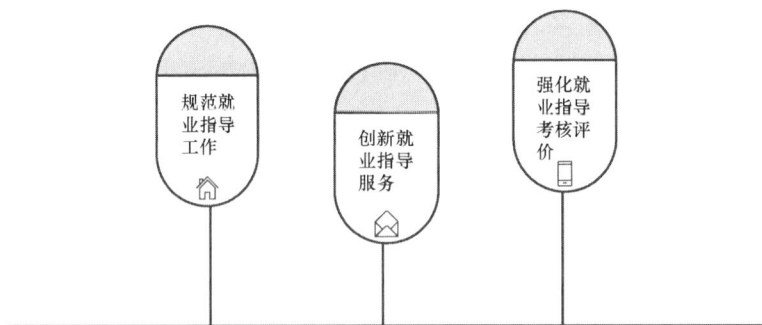

图 2-5　高职教学管理就业导向理念

（一）规范就业指导工作

首先，高职院校就业指导要对就业指导部门机构进行合理调整，各部门的岗位职务要清晰明确，责任到人，实行严格的管理制度；其次，要建立起就业指导的流程化管理，就要工作从新生入学的第一天就要抓起，分阶段安排好各项工作内容，把就业指导贯穿于整个高职教育过程。例如在大学一、二年级阶段，对学生的就业指导工作主要是帮助学生夯实基础知识，积极投身社会实践，树立正确的价值观、人生观和成才观；大三阶段应对就业形势政策、就业程序、就业技巧、就业心理等方面开展指导，逐渐地引导学生加快个人适应社会的进程，自觉实现从学生到职业角色的转换，及时作出必要的择业调整，正确应用各种相应的政策。抓住各种机遇，顺利实现自己的职业理想和目标。通过不同阶段的有机连接，形成比较完善的就业指导体系。

（二）创新就业指导服务

首先，要对就业形势和就业政策进行宣讲。充分分析毕业生在就业心态和就业观念方面存在的顾虑和问题，鼓励学生先就业再择业，将个人志向和社会需要有机结合起来。其次，高等职业院校要积极组织开展就业动员大会、职业生涯规划设计大赛、优秀毕业生报告会等多种形式的就业指导服务，为毕业生提供一系列的就业指导和服务，为毕业生解难答疑，帮助他们树立好职业生涯规划和正确就业观。

（三）强化就业指导考核评价

高职院校要强化对就业指导工作的考核评价，建立起相应的就业指导考核评价体系，对高职院校学生开展全面的就业指导。在评价内容方面，除国家对高职院校的"一次就业率"要求和学校内就业工作目标外，主要内容之一是进行服务对象对就业指导机构的"工作满意度"调查。调查的内容不仅包括服务项目、服务水平和服务态度方面，还应该包括对高职学生职业生涯塑造效能方面的指标。上述评价及跟进的措施可以有效地促进高职院校学生的就业，从而提高学生与用人单位对就业服务指导工作的满意度。

三、创新理念

高职教学管理工作是一项不断面对和解决新问题的创新工作，管理者在充分尊重教学管理客观规律的同时要积极发挥主观能动性，树立创新理念和创新意识，提高工作效率，促进高职院校核心竞争力和人才培养质量的全面提升。高职院校教育管理创新理念主要包括以下几个方面（如图 2-6）。

项目一
教育观念的创新

项目二
实践教学管理的创新

图 2-6 高职教学管理创新理念

（一）教育观念的创新

思路决定出路，高职教学管理观念的创新是实现发展的前提，在教育观念上要勇于探索，寻求突破，树立高职教学管理具有鲜明特色的全新理念。首先，要树立特色建设观。高职教学管理工作是一项综合、复杂的系统工程，要树立特色建设观，从培养目标、教学方式、师资素质等多方面进行改革，坚持产学研结合，注重实践教学和学生实践能力和创新能力的培养，在激烈的竞争中找准自己的定位，提高教学质量，办出自己的特色。其次，要树立人才培养观。高职教学管理需要适应新时代发展的需要，培养适应现代市场经济，具有时代意识和先进技术技能的创新型、创业型和创造性人才。最后，要树立持续发展观。高职教学管理必须符合科学发展观的要求，办出质量和特色，以实现学生的全面、协调、可持续发展为指导，做好重点项目投入与日常教学投入协调工作，把发展规模与体制机制创新相结合，建设资源节约型、环境和谐型校园，以服务区域经济社会发展为目标，以专业对接产业为基础，扩大校企合作的深度和广度，坚持每项建设的高标准，不断提升高职院校的持续发展能力。

（二）实践教学管理的创新

实践教学管理的创新是实现教学目标和提高教学质量的有效保证，高职教学管理工作在实践教学管理方面要实现创新，必须从校内实践教学管理创新和校外实践基地管理创新两方面来着手，内外结合，提高高职院校的教学管理质量。

1. 校内实践教学管理创新

第一，实践教学队伍管理创新。校内实践教学管理要加强对实践教学队伍管理的创新，要进一步严格管理制度，采用定岗定编选用人员、推荐培训、考核评价等措施，遵循能位原则（人尽其才、量才任用、责权相应）、效能原则（用能人、争创效益）、激励原则（奖勤、罚懒、除庸）三个原则，实现对实践教学队伍管理的全面创新。第二，实习实训实践教学管理创新。高职院校实习实训主要包括课程实训、整周实训、认识实习、跟岗实习、毕业综合实践、顶岗实习等内容，要严格按照中华人民共和国教育部印发的《职业学校学生实习管理规定》相关要求，进一步加强对实习实训实践教学管理的规范和创新。第三，实践教学计划管理创新。实践教学计划要制定好日常计划、短期计划、中期计划和长期计划等相应的计划，避免工作中的盲目和随意，切实按照计划来达到工作目标。第四，实践教学工作评估创新。实践教学工作评估的创新能够及时发现实践教学工作中存在的问题，进行合理调整。科学合理的评估制度具有客观性和可操作性，能够有效调动工作人员的积极性和主动性，从而不断提高实践教学的质量。

2. 校外实践基地管理创新

校外实践基地是对学生进行实践能力培训和职业综合素质培养的重要场所，也为广大教师进行实践锻炼、技术应用和推广提供了广阔舞台。校外实践基地管理创新需要做好以下几个方面的工作：

（1）校外实习实训基地要成立有企业技术人员和实践教学中心、各专业组人员参加的教学管理机构，建立长效机制，实现共建共管的管理模式。

（2）校外实习实训基地的管理按实习实训基地所在单位相关规定及管理办法执行。校外实习实训基地的调整与撤销，应经合作双方同意。

（3）加强对校外实习实训基地的指导，建立定期检查指导工作制度，协助实习实训基地解决建设和管理工作中的实际问题，帮助实训基地做好建设、发展、培训的各项工作。

（4）加强专业实习实训基地学生管理人员和指导教师的管理，对实习指导教师的学历、技术职务和技能水平进行审查，以保证实训工作质量的不断提高和实训基地建设的不断加强。

（5）深化教学改革，与实习实训基地协商不断开发新的实训项目，更新教学内容，改进教学方法，以保证教学质量与教学水平的不断提高。

第三章　高职教学管理体系的构建

第一节　高职教学常规管理

高职教学常规管理是高职教学管理工作中最基本的内容之一，它能够使教学工作更加规范化、程序化和制度化，保证教学工作的顺利进行和教学任务的有效完成。高职教学常规管理涵盖了制订教学计划与安排、教学督导与评估、教学组织与协调、教学资源的整合与利用等四个方面。这四个方面相互关联，共同构成了高职教学管理的有机体系。通过对这四个方面的深入论述，可以全面了解高职教学管理的基本框架与重要内容，为提升高职教育质量、培养高素质技能型人才提供理论支撑和实践指导，下面进行详细阐述。

一、制订教学计划和安排

高职教育作为技能型人才培养的重要途径，在社会发展和经济建设中发挥着不可替代的作用。为了保证高职教育的质量，高职院校需要对教学工作进行有效管理。制订教学计划与安排是高职教学常规管理的重要组成部分，对于确保教学质量、提升人才培养水平具有重要意义。

（一）制订教学计划

高职教学管理中制订教学计划应围绕学校的教育目标、专业特点和社会需求，围绕以下几个方面展开。首先，明确课程设置的合理性是制订教学计划的基础。课程设置是专业培养方案的核心内容，影响着学生的专业素质和就业竞争力。因此，学校在制订教学计划时，应审慎分析各类课程与专业培养目标的关系，确保课程内容具有针对性和实用性。此外，还应关注课程设置的结构和层次，使之符合行业发展趋势和学生发展需求。其次，充分考虑学生的实际需求是制订教学计划的关键。学生是教育活动的主体，其需求直接决定了教学计划的实施效果。因此，学校在制订教学计划时，应尽可能为学生提供多元化的课程选择，满足不同层次、不同兴趣的学生需求。例如，可以设置一些选修课程、实践课程，为学生提供更广泛的学习领域，培养学生的兴趣爱好和创新能力。再次，科学合理地安排课程进度和教学任务分配至关重要。教学进度的快慢将直接影响学生的学习效果和负担，因此，学校在制订教学计划时，应充分考虑学生的学习负担、教师的教学能力、教学资源等因素，综合制订课程进度。同时，教学任务分配应合理、公平，遵循教师专业特长和教育经验等原则，以提高教学质量和教师满意度。

（二）教学安排

教学安排能够保证高职教学活动的有序进行，有效提升教师的工作质量和学生的学习效果，在制订教学安排时要注意以下几个方面（如图3-1）。

图 3-1　教学安排的制订

1. 保证教学资源的合理分配

学校在制订教学安排时，应充分考虑教师的专业特长、教育经验等因素，以便在教学任务分配中实现最优匹配。通过合理分配教师资源，既能提高教学质量，又能增强教师的工作满意度。此外，还应关注教师的工作负担，避免过重的教学任务影响教师的教学效果和职业发展。

2. 充分考量学生的时间安排

学生是教育活动的主体，其学习时间、生活节奏等因素直接影响教学安排的实施效果。因此，学校在制订教学安排时，应充分考虑学生的学习负担，避免课程安排过于密集，给学生留出足够的时间用于自主学习和课外活动。此外，还应关注课程进度的合理安排，确保教学活动既不拖沓又不过于紧张。

3. 重视课程实践环节的安排

高职教育注重实践性、应用性，因此，学生的实践能力和动手能力是衡量教育质量的重要指标。学校在制订教学安排时，应关注课程实践环节的安排，确保学生有充足的时间进行实践操作。这不仅包括实验课程、实习课程的安排，还包括与企业合作、开展校企共建项目等实践性强的教学活动。通过丰富的实践环节，学生可以将理论知识与实际操作相结合，提高自身的实践能力和就业竞争力。

4. 要具有灵活性和适应性

教学安排的灵活性和适应性也是值得关注的方面。随着社会经济的发展和技术的进步，教育需求和行业形势不断变化。学校在制订教学安排时，应具备一定的灵活性和适应性，以便及时调整教学计划，适应外部环境的变化。例如，可以根据学生的需求和兴趣，调整选修课程的设置，增加新兴领域的课程内容。此外，还可根据行业发展需求，调整实践课程和实习项目，以更好地培养学生的职业素养和技能。通过保持教学安排的灵活性和适应性，学校可以更好地应对教育领域的挑战，培养出更符合社会需求的专业人才。

二、教学督导与评估

教学督导与评估是高职教学常规管理的关键环节，对于提升教学质量、促进教师成长具有重要作用，通过教学监督与评估，教育管理者能够更好地了解高职教学的实际情况，从而提出具有针对性的相关建议和措施。

（一）教学督导

教学督导是通过对教师教学行为的观察、分析和指导，提高教师的教学水平，促进教师的专业发展。遵循客观公正、相互尊重的原则，教学督导以提高教学质量为目标，关注教师的教学方法、组织能力等方面的提升。此外，教学督导还应加强与教师之间的沟通，为教师提供及时有效的反馈，帮助教师识别教学中的问题，并提出改进建议。在教学督导过程中，督导员应全面观察教师的教学行为，包括课堂组织、教学方法、学生互动等方面，并针对具体情况给予指导和建议。同时，督导员应倾听教师的意见和需求，为教师提供支持和帮助，促进教师的专业成长。通过教学督导，可以进一步提升教师的教育教学水平，提高教学质量。

（二）教学评估

教学评估是对教学活动进行全面、系统的评价，以便了解教学质量、提升教学水平。教学评估应从多个层面进行，如课程评估、教师评估、学生评估等。其中，课程评估关注课程设置的合理性、课程内容的实用性等方面；教师评估则关注教师的教学方法、组织能力等方面；学生评估则关注学生的学习成果、学习动机等方面。为了确保评估的准确性和有效性，教学评估应采用多种评价方法，如问卷调查、教学检查、成果展示等。通过多途径、多角度的评估手段，可以获取更全面、准确的评估信息。教学评估结果应用于教育教学的改进和优化，为教学管理提供有效的决策依据。

此外，为了使教学督导与评估更加有效，教育管理者还需关注以下几个方面：其一，定期开展教学督导与评估活动，确保教学质量得到持续关注和改进。还应关注教育教学的发展趋势和需求，调整和优化评估内容和标准，使其与时俱进。其二，提升教学督导员的专业素质。教学督导员是教学督导与评估的关键执行者，其专业素质直接影响督导与评估的质量。因此，应定期为教学督导员提供培训和指导，提高其业务能力和教育教学敏感度。其三，建立健全教学督导与评估的激励机制。通过设立教学奖励、优秀教师评选等方式，激励教师积极参与教学改革，提升教学水平。同时，将教学质量作为教师晋升、职称评定等方面的重要考量因素，鼓励教师关注教学质量。其四，建立良好的教学督导与评估氛围。鼓励教师、学生、家长等多方参与教学评估，形成互动式、共建共享的评估机制。此外，还应注重保护教师、学生的隐私权和知情权，确保评估过程的公平、公正和透明。

三、教学组织与协调

教学组织与协调是确保高职教学活动顺利进行的重要保障，涉及教学团队建设、教学资源配置等方面（如图3-2）。

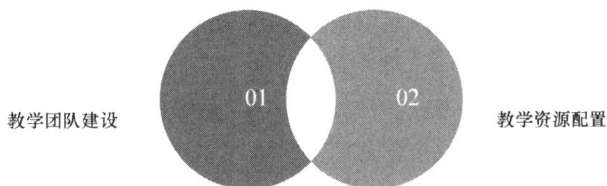

图 3-2　教学组织与协调

（一）教学团队建设

高职教育注重实践性、应用性，需要教师具备丰富的实践经验和较强的实践能力。因此，在教学团队建设中，应重视教师的专业背景、实践经验等因素，优化教师结构。同时，加强教师之间的交流与合作，形成具有协同效应的教学团队，以提高教学质量。为建设高水平的教学团队，教育管理者需在招聘、培训、激励等方面采取措施。在招聘过程中，优先考虑具备行业经验和专业技能的教师，同时关注教师的教育理念和教学方法。在培训环节，提供针对性的专业培训和教育教学培训，帮助教师不断提升自身能力。在激励方面，建立教师绩效评价体系，将教学质量、科研成果等作为教师奖励的依据，激发教师的积极性和创造力。

（二）教学资源配置

为保障教学活动的顺利进行，需要对教学资源进行合理配置。首先，应保障教学设备的更新换代，为学生提供先进、实用的实验设备；其次，要关注教材的选用与更新，确保教材内容与行业发展、专业需求相匹配；此外，还应加强与企业的合作，搭建校企共建的实践基地，为学生提供实践性强、贴近产业需求的实习平台。在教学资源配置过程中，教育管理者应关注以下几点：一是确保资源的公平分配，让每位学生都能获得优质的教学资源；二是提高资源的利用率，通过信息化手段，实现资源共享和优化配置；三是关注资源的可持续性，定期评估和更新教学资源，以满足教育教学的发展需求。

四、教学资源的整合与利用

教学资源的整合与利用在提高高职教育质量中发挥着关键作用。高职院校应关注教学资源的发掘、整合、共享，以满足不同学科和专业的教学需求，提升教学质量。

首先，高职院校应积极发掘教学资源，包括内部资源和外部资源。内部资源主要包括教师的教学经验、教学案例、实验资源等；外部资源则包括与企业合作的实践基地、行业专家的讲座、网络教学资源等。发掘教学资源的过程中，应关注资源的质量和实用性，避免资源的泛滥，确保资源的有效性。

其次，高职院校应重视教学资源的整合。教学资源整合的目的是优化资源配置，避免资源的重复和浪费。教学资源整合可以从以下几个方面进行：其一，梳理现有教学资源，建立资源目录，便于教师查阅和选用；其二，将相似或相互补充的资源进行整合，形成系统的教学资源体系；其三，根据课程需求，为教师提供定制化的教学资源，满足不同教学环节的需求。

再次，高职院校应推动教学资源的共享。教学资源共享可以提高资源利用率，减少资源浪费。实现教学资源共享的途径有：建立校内资源共享平台，方便教师上传、下载、交流教学资源；与其他高职院校建立合作关系，共享优质教学资源；利用网络平台，如慕课、公开课等，为教师和学生提供更广泛的学习资源。

最后，高职院校应关注教学资源的持续更新和优化。随着行业发展和技术变革，教学资源需要不断更新，以适应教育教学的需求。更新和优化教学资源的措施包括：定期对教学资源进行评估，剔除过时、低质的资源；鼓励教师参与教学资源的开发，提高资源的原创性；关注国内外教学资源的发展动态，引入先进的教学理念和方法。

第二节　高职教学教务考务管理

高职教学教务考务管理涉及课程设置与调整、学生考试与评分管理、学籍管理与异动处理等方面，高职院校应充分关注这些环节，以提高教学质量，培养高素质技能人才。同时，高职院校还应加强教务管理部门与教师、学生的沟通与协作，形成共同参与、共同管理的良好局面。

一、课程设置与调整

在高职教育中，课程设置与调整是教学管理的基础环节，关系到学生培养质量和专业培养目标的实现，具体如下（如图 3-3）。

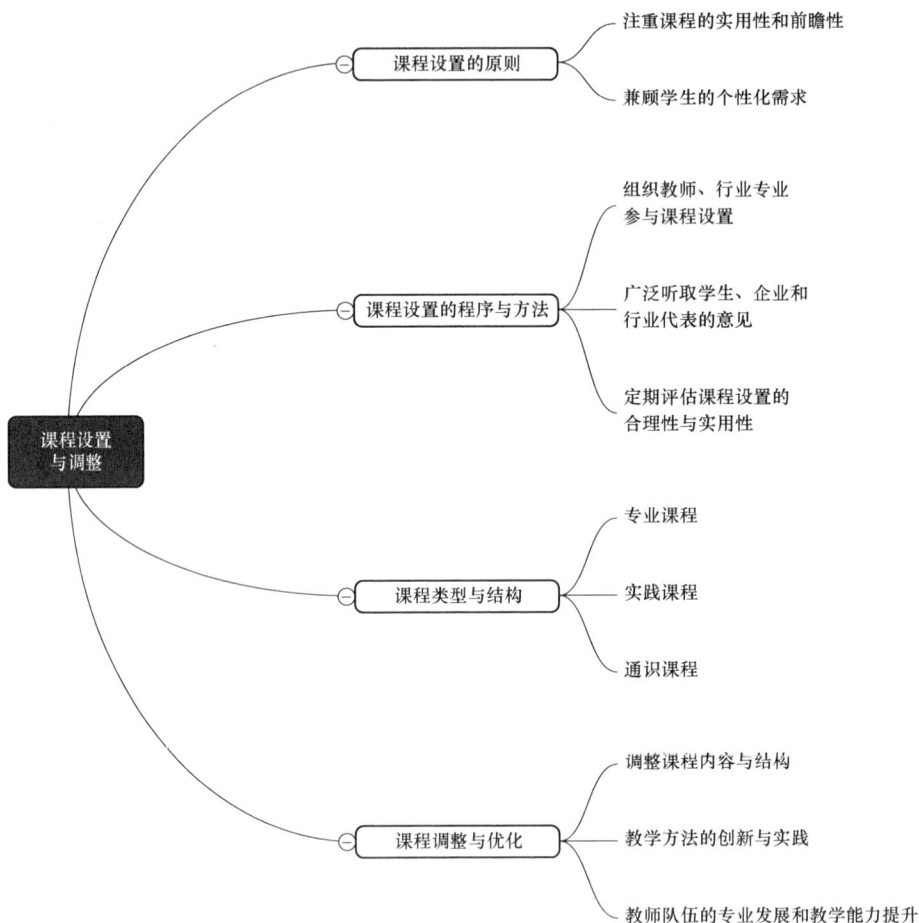

图 3-3　课程设置与调整

（一）课程设置的原则

课程设置应以专业培养目标为出发点，确保课程内容与专业发展需求相匹配。高职院校应明确各专业的培养目标，将这些目标具体化为课程设置的依据，从而有针对性地为学生提供必要的专业知识和技能。一方面，注重课程的实用性与前瞻性。高职教育旨在培养具备实际应用能力的高素质技能人才。因此，课程设置应紧跟行业发展趋势，注重课程的实用性与前瞻性。高职院校应定期调研行业需求，及时更新课程内容，以确保课程的实用性和适应性。另一方面要兼顾学生的个性化需求。高职教育应关注学生的个性化需求，提供多样化的课程选择，满足不同兴趣、不同层次学生的需求。高职院校应根据学生的发展需求，设置丰富多样的选修课程，提供充分的课程选择空间，让学生能够根据自身兴趣和发展方向进行合理选择。

（二）课程设置的程序与方法

1. 组织教师、行业专家参与课程设置

课程设置应遵循科学、民主、开放的程序。高职院校教学管理部门需组织教师、行业专家等共同参与课程设置，确保课程内容的科学性与前瞻性。通过广泛征集教师和行业专家的意见，可以有效把握行业动态和发展趋势，从而使课程设置更具针对性和前瞻性。

2. 广泛听取学生、企业和行业代表的意见

在课程设置过程中，高职院校应广泛听取学生、企业和行业代表的意见，充分考虑社会需求和学生发展需求。这有助于课程设置更加贴近实际，更好地满足行业和市场的需求。同时，这也有助于提高学生的参与度和满意度，让他们在课程设置过程中充分表达自己的需求和期望。

3. 定期评估课程设置的合理性与实用性

高职院校需定期评估课程设置的合理性与实用性，及时进行课程调整。通过收集教师、学生、企业等各方面的反馈意见，以及对课程实际教学效果的评估，可以有效了解课程设置的问题和不足，为课程调整提供依据。

（三）课程类型与结构

1. 专业课程

专业课程是培养学生专业技能的基础，应与行业需求和专业发展趋势紧密结合。高职院校应设置一系列系统、完善的专业课程，以满足不同专业方向学生的需求。同时，专业课程设置应注重理论与实践的结合，使学生在掌

握专业理论知识的同时，能够培养实际操作能力。

2. 实践课程

实践课程旨在培养学生实际操作能力，应充分考虑实际工作场景，提供实践性强的教学环境。高职院校应加大实践课程设置力度，设置足够的实训、实习、实践课程，以确保学生有充足的机会在实际操作中学习和成长。

3. 通识课程

通识课程则负责拓展学生的知识视野，培养学生的人文素养和创新思维能力。高职院校应设置一定数量的通识课程，涵盖文学、历史、哲学、艺术等多个领域，使学生在专业学习之外，还能接触到更广泛的知识领域，提高自身综合素质。

（四）课程调整与优化

首先，课程调整方面高职院校应建立健全课程调整与优化的机制，及时跟踪课程设置的效果，积极调整课程内容与结构。课程调整应充分考虑教学质量、教师反馈、学生需求等多方面因素，以确保课程设置的合理性和有效性。其次，课程优化应关注教学方法的创新与实践，以提高课程的教学质量。高职院校应定期对课程进行优化，采用多元化的教学方法，激发学生的学习兴趣，提高学生的学习效果。此外，教师队伍的专业发展和教学能力提升也是课程优化的重要组成部分。高职院校应加强教师培训和教学研究，提高教师的教学水平，从而为课程优化提供有力支持。

二、学生考试与评分管理

高职教学教务考务管理中的学生考试与评分管理环节需要高职院校从多个方面进行优化与改进，以实现教育教学质量的持续提升为培养高素质的应用型人才打下坚实基础。

首先，在考试与评分管理中，学校应制定合理的考试制度和评分标准，以保证评价的客观性与公正性。考试制度应明确考试的类型、形式、时间、地点等方面的规定，以及缺考、迟到、作弊等情况的处理办法。评分标准应根据课程性质和教学目标进行制定，充分考虑学生的知识掌握程度、技能运用能力、学习态度等多方面因素。其次，学校应关注考试方法的创新与多样性，以适应高职教育的特点。除了传统的笔试、口试等考试形式外，还可以采用实践操作、课程设计、项目研究等形式，以全面、客观地评价学生的学习成果。此外，学校还应关注形成性评价的引入与实施，通过课堂表现、小组讨论、作业完成等方面的评价，提高学生的学习积极性与动力。

最后，学校应加强对教师评分行为的监督与指导，确保评分的公正性与合理性。对于评分标准和方法的使用，学校应组织培训和交流活动，提高教师的评价能力。学校要关注学生对评分的反馈，对存在问题的评分进行调查与处理。在考试与评分管理过程中，学校还应利用信息化手段提高管理效率与质量。通过建立学生考试与评分管理信息系统，实现考试安排、试卷管理、成绩录入、统计分析等环节的信息化管理，降低人为误差，提高工作效率。

需要注意的是，高职院校尤其要注重考试与评分管理的持续改进与优化。通过定期对考试与评分管理进行总结与反思，分析存在的问题与不足，适时调整考试制度、评分标准等方面的规定，以适应教育教学改革的需要。

三、学生学籍管理

学生学籍管理是高职教学教务管理非常重要的一部分，它涉及学生的学籍档案、学生信息管理、学籍变更管理等多个方面，下面将对其进行详细阐述。

（一）学生学籍档案管理

学生学籍档案是高职学生的重要信息资料，它记录了学生的个人信息、学习情况、考试成绩、奖惩记录等内容，是评价学生学习成果的重要依据。学生学籍档案管理应该注意以下几个方面（如图3-4）。

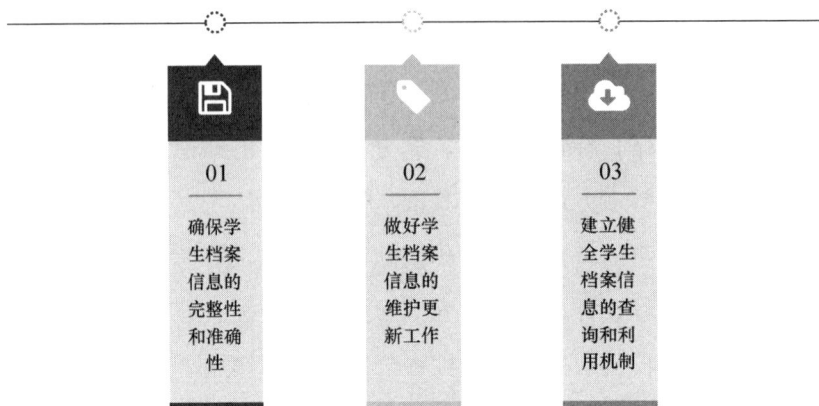

图 3-4　学生学籍档案管理

1. 确保学生档案信息的完整性和准确性

高职院校在教学教务管理中要严格按照国家有关规定对学生档案信息进行采集和管理，确保学生档案信息的完整性和准确性。高职院校应该建立健全学生档案管理制度，确保学生档案信息的安全性和保密性。

2. 做好学生档案信息的维护更新工作

高职院校需要做好学生档案信息的维护更新工作，及时更新学生档案信息，确保学生档案信息的时效性。对学生档案信息高职院校要及时进行备份，防止信息丢失或损坏。

3. 建立健全学生档案信息的查询和利用机制

高职院校应该建立健全学生档案信息的查询和利用机制，学生和相关管理人员可以根据需要进行查询和利用。要加强学生档案信息的保密工作，确保学生档案信息不被非法获取和利用。

（二）学籍变更管理

学籍变更是指学生在学习期间因为各种原因发生的个人信息变化，如姓名、性别、学号等信息的变更。学生提出学籍变更申请后，高校应该建立审批机制进行审核和管理。审核人员应该对学生提交的相关证明材料进行核实，并确保学籍变更的合法性和准确性。学生成功办理学籍变更后，高校应该及时更新学生的个人信息和学籍信息，并做好备案工作，确保学籍变更后的信息的时效性和准确性。高校应该对学籍变更信息进行公示和利用，确保学籍变更信息的透明度和公开性。同时，高职院校应该加强学籍变更信息的保密工作，确保学生个人信息不被非法获取和利用。

第三节　高职教学专业与课程建设管理

高职教学专业与课程建设管理涉及专业设置与调整、课程体系的构建与完善、教材选用与建设、教学资源的开发与整合等多个方面，要根据国家政策导向、行业发展需求、地方经济特点、学校特色等因素，制定科学合理的专业发展规划，构建完善的课程体系，选用高质量的教材，开发丰富的教学资源，不断提高高职教育的质量和效果。

一、专业设置与调整

高职教学专业设置与调整直接影响到人才培养质量和效果，具有非常重要的意义。高职教学专业设置与调整要综合考虑国家政策导向、行业发展需求、地方经济特点、学校特色等因素，制定科学合理的专业发展规划，确保专业设置具有前瞻性和针对性，具体如下（如图 3-5）。

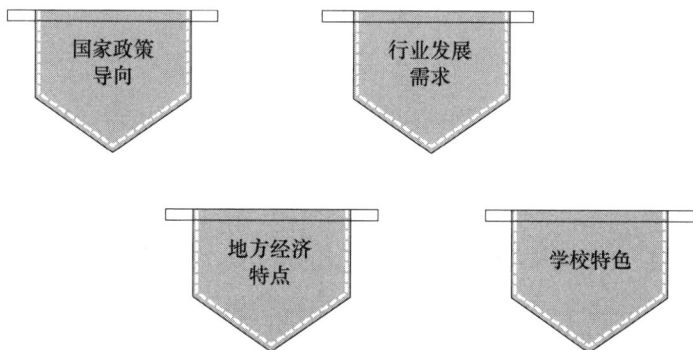

图 3-5　高职教学专业设置与调整

（一）国家政策导向

国家政策导向是专业设置的重要依据，应该根据国家政策和发展战略，高职院校应密切关注国家对职业教育的政策导向，使专业设置与国家发展战略相协调，以满足国家经济社会发展的人才需求。这需要高职院校及时关注政策动态，积极调整专业设置，为国家经济发展提供有力的人才支持。

（二）行业发展需求

高职院校应关注行业发展趋势、新技术、新产业和新业态的发展，紧密结合产业结构调整和升级的需要，确保专业设置紧密贴合市场需求。这要求高职院校与企业和产业界保持密切合作，充分了解行业发展动态，以便根据市场需求调整专业设置，为产业发展提供合适的技术技能型人才。

（三）地方经济特点

地方经济特点是专业设置的重要依据。高职院校应充分考虑地方经济特点和优势，结合区域产业发展需求，为地方经济发展提供有力的人才支持。这要求高职院校紧密结合地区经济发展战略，调整专业布局，培养具有地方特色的应用型人才，推动地方经济发展。

（四）学校特色

高职院校要充分发挥自身特色，结合学校的历史传统、师资力量、科研成果等方面，打造具有自身特色的专业。这要求高职院校明确自身办学定位，挖掘和发挥自身优势，形成特色鲜明的专业，提高专业的吸引力和竞争力。

需要注意的是，为了确保专业设置与社会需求保持一致，高职院校还需定期进行专业评估与调整，及时优化专业结构。在专业调整过程中，要关注以下几个方面：首先，对现有专业进行评估。根据专业设置目标、课程设置、师资队伍、实践条件等方面进行全面评估，确保专业质量得到保障。这要求高职院校建立健全专业评估机制，定期对专业进行自我检查和第三方评估，发现问题并及时改进。其次，优化专业结构。根据评估结果，对专业进行优化调整，提高专业的层次结构和综合竞争力。这需要高职院校审视专业布局，调整不适应市场需求的专业，增设或扩大具有发展潜力和市场需求的专业，优化专业结构，提升整体实力。再者，调整专业课程设置。根据专业发展的需要，调整课程设置，增加新兴技术和产业发展所需的课程，提高课程的适应性和前瞻性。这要求高职院校关注新技术、新产业的发展趋势，及时更新课程内容，培养学生具备前瞻性和创新性的专业技能。最后，强化与产业界的合作。加强与产业界的合作，促进产学研结合，提高专业建设的实践性和应用性。这需要高职院校主动与企业、产业界开展合作，共同开展产业实践、实习基地建设、科研项目合作等，培养具有实际操作能力和应用能力的技术技能型人才。

二、课程体系的构建

（一）课程体系的设计原则

高职教学课程体系设计中，需要遵循以下原则（如图3-6）。

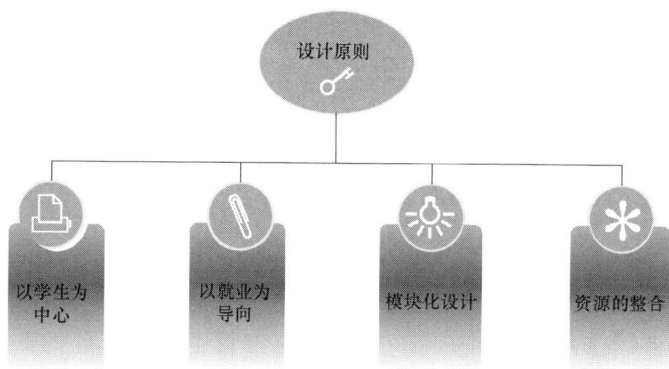

图3-6　高职教学课程体系的设计原则

1. 以学生为中心

课程体系的构建应始终以学生为中心，充分关注学生的需求、特点和发展。在设计课程时，要充分了解学生的基础知识、兴趣和职业发展方向，使课程既能满足学生的个性化需求，又能体现高职教育的特色和精神。

2. 以就业为导向

高职教育的本质是培养应用型人才，因此课程体系的设计应紧密结合行业和企业的需求，以就业为导向。在课程设置上，要注重实践性、操作性和技能性，使学生在完成课程学习后能够具备较强的实际操作能力和适应岗位的能力。

3. 模块化设计

课程体系应采用模块化的设计方式，将课程分为基础课程、专业核心课程、拓展课程和实践课程等模块。模块化设计有助于提高课程的系统性、针对性和灵活性，使学生在学习过程中能够按照自己的需求和兴趣进行选课，提高学习的积极性和主动性。

4. 资源的整合

课程体系的构建应充分整合校内外的教育资源，包括教师、教材、实验设备、实习基地等。在课程设置过程中，要注重与企业、行业、社会的合作，充分利用校企合作、产学研结合等方式，提高课程的实践性和针对性。

（二）课程体系的实施与管理

在课程体系的实施与管理过程中，要加强师资队伍建设、优化教学方法与手段、加强实践教学环节，以实现课程体系的持续改进和发展。

1. 要建立健全课程管理制度

为保证课程体系的顺利实施，学校应建立健全课程管理制度，包括课程开发、审核、实施、评价、改进等环节的规范化操作。课程开发方面要建立课程开发团队，明确团队成员的职责和分工，制订课程开发计划，明确课程开发的目标、内容、时间节点等。此外，还应加强课程开发过程中的沟通与协作，确保课程开发工作的顺利进行。针对课程审核需要设立专门的课程审核机构或专家组，对课程的内容、结构、难度等方面进行审核。课程审核要求严格、客观，确保课程质量和水平。还需要制定课程实施方案，明确课程的授课方式、时间安排、教学资源等。在课程实施过程中，要关注学生的学习进度，及时调整教学方法和策略，提高课程实施效果。要建立多元化的课程评价机制，包括学生评价、教师自评、同行评价和专家评价等。通过收集各方面的评价数据，全面了解课程实施效果，为课程改进提供依据。最后，在课程的改进方面，需要根据课程评价结果，分析课程存在的问题和不足，制定课程改进措施，不断优化课程内容和教学方法。

2. 强化师资队伍建设

课程体系的实施需要一支高素质的师资队伍作为支撑。学校应加大对师资队伍建设的投入，具体措施包括：

（1）招聘优质教师。通过各种渠道，吸引具有丰富教育教学经验和专业背景的优秀教师加入学校，为课程实施提供有力的人力支持。（2）培训与提升。定期组织教师参加专业培训和学术研讨会，提高教师的教育教学能力和专业素养，使教师始终保持与行业发展同步。（3）职业发展机会。关注教师的职业发展，为教师提供学术研究、教育改革、企业实践等多种发展机会，激发教师的教学热情和创新精神。这有助于提高教师的教育教学水平，从而提升整个课程体系的质量。

3. 优化教学方法与手段

随着教育技术的发展，课程体系实施过程中应充分利用现代教育技术和教学手段，如多媒体教学、网络教学、微课程、在线学习等。这些手段能够丰富课堂教学形式，提高学生的学习兴趣，增强课程实施的有效性。

4. 加强实践教学环节

实践教学是高职课程体系的重要组成部分，学校应加大对实践教学环节的支持，增加实验、实习、项目等实践课程的比重。在实践教学过程中，要充分发挥校企合作、产学研结合的优势，为学生提供丰富的实践场景和实际操作机会，提高学生的实践能力和创新能力。

5. 建立课程评价与反馈机制

为了确保课程体系的有效性和持续改进，学校应建立完善的课程评价与反馈机制。课程评价应包括学生评价、教师自评、同行评价和专家评价等多维度，以全面了解课程实施效果。通过收集评价数据，分析问题原因，及时对课程进行调整和优化，使课程体系不断完善。

三、教材的选用与建设

教材选用与建设是高职教育的重要组成部分，直接关系到教学质量和培养效果。在当今社会，知识更新迅速，技术进步日新月异，高职教育教材的选用与建设尤为重要。下面从教材选用原则和教材建设与资源整合两方面进行详细论述。

（一）教材选用原则

高职教材的选用要遵循适用性、针对性、前瞻性、实用性的原则，具体如下（如图 3-7）。

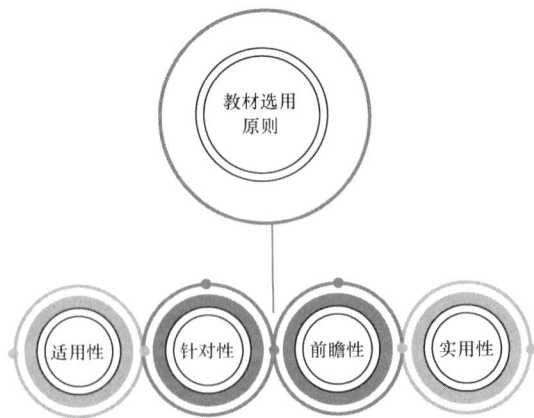

图 3-7　高职教学教材选用原则

1. 适用性原则

教材选用应考虑到学生的实际水平、教师的教学水平和教学环境等因素，选择适合本专业、本课程的教材。适用性原则要求教材内容深入浅出，既要符合学生的接受能力，也要满足教师的教学需求。

2. 针对性原则

教材选用应密切结合专业特点和课程要求，选择有针对性的教材。针对性原则意味着教材内容要与课程教学目标、教学内容和教学方法相一致，能够有效地支持教学活动。

3. 前瞻性原则

教材选用应关注行业发展趋势和技术进步，选择具有前瞻性的教材。前瞻性原则要求教材内容具有一定的预见性，能够帮助学生了解最新的知识体系，培养具有创新精神和创新能力的高素质人才。

4. 实用性原则

教材选用应注重实用性，选择能够培养学生实际操作能力和解决实际问题能力的教材。实用性原则要求教材内容要具有较强的实践性，能够将理论知识与实践操作相结合，提高学生的实践能力。

（二）教材建设与资源整合

做好教材建设与资源整合工作能力高职教育提供丰富的资源支持，提高教学质量，培养出适应社会发展需求的高素质人才。具体涉及以下几个方面的工作：

1. 教材的建设与开发

根据课程体系和专业特点，教育部门和高校应加强教材建设与开发，开发具有自身特色和优势的教材。这包括编写原创教材、改编现有教材以及引进国内外优秀教材等。教材建设与开发应注重实现教材的适应性和针对性，以提高教学质量。

2. 教材的更新与优化

随着行业发展和技术进步，教材内容需要不断更新与优化。教育部门和高校应定期对教材进行审查和评估，及时调整和更新教材内容，提高教材的实用性和前瞻性。这包括及时纳入新的理论观点、实践经验和技术方法，以确保教材内容与时俱进。

3. 教材的多样化发展

为满足不同学生的学习需求，教材应向多样化方向发展。除了传统的纸质教材，还应积极开发数字教材、网络教材、多媒体教材等形式。多样化的教材有助于丰富教学手段，激发学生的学习兴趣和积极性。

4. 教学资源的整合

为提高教学质量，教育部门和高校应加强教学资源的整合。首先要注重教学资源的开发。要充分利用现有资源，开发出适合本专业的教学资源，包括教学案例、实践项目、教学视频、教学软件等。其次，要充分整合各类教学资源，打破资源壁垒，实现资源共享和优化配置，提高教学资源的利用效率。再次，要推进教学资源的数字化与网络化建设，利用现代信息技术手段，实现教学资源的高效传播和共享，方便教师和学生的教学与学习。最后要加强与产业界的资源合作，充分利用企业资源，为教学提供实践性、应用性强的资源支持，提高学生的实践能力和就业竞争力。

第四节　高职教学质量管理

高职教学质量管理是提高高职教育水平和培养应用型人才的关键环节。未来，高职教育将面临更加激烈的竞争和更高的发展要求。因此，各高职院校要进一步增强教学质量管理的意识，切实落实教学质量管理的各项措施，努力培养适应社会发展需要的高素质应用型人才，为国家经济发展和社会进步作出更大贡献。

一、高职教学质量管理的内涵与目标

（一）高职教学质量管理的内涵

高职教学质量管理是指对高职教育过程中的各个环节进行系统性、全过程的管理，包括教学计划管理、教学内容管理、教学方法管理、教学过程管理、教学评价管理等，旨在提高教学质量，培养高素质应用型人才。高职教学质量管理要从教学计划管理入手，确保教学计划符合专业特点和人才培养目标，明确课程设置、学时分配、教学进度等方面的要求。同时，要关注教学内容管理，更新教学内容，紧跟行业发展和技术进步，使教学内容与实际需求相适应。此外，教学方法管理也是高职教学质量管理的重要组成部分，要积极推广现代教学理念和方法，提高教学效果。教学过程管理是教学活动的实施阶段，是实现教学目标的关键环节。要制订合理的教学进度计划，监控教学活动，关注学生学习状况，发现问题并及时调整教学方法。还要通过建立科学合理的评价体系，对教学效果进行检验和反馈，为教学质量提供重要的依据。

（二）高职教学管理的目标

高职教学质量管理的根本目标是提高教学质量，实现人才培养目标。在当前社会经济发展背景下，为实现这一目标，高职教学质量管理需做好提高学生的知识技能水平、增强学生的实践能力和创新能力、提升学生的职业素养和社会责任感、满足社会和产业发展需求几个方面工作，具体如下（如图3-8）。

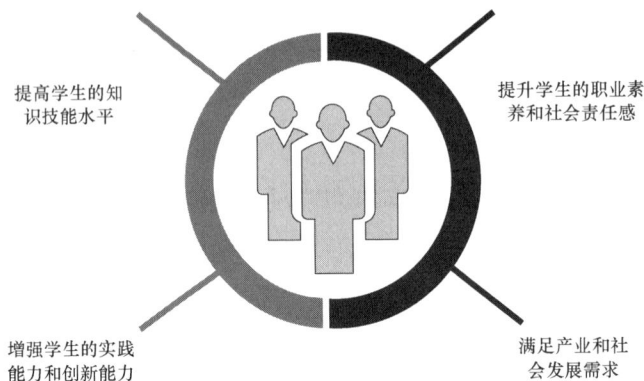

图 3-8　高职教学管理的目标

1. 提高学生的知识技能水平

高职教育注重培养学生的专业知识和技能，使学生在毕业后能够胜任各类岗位。因此，教学质量管理应关注课程设置、教学内容、教学方法等方面，确保学生具备扎实的理论基础和实际操作能力。

2. 增强学生的实践能力和创新能力

实践能力和创新能力是高职教育培养目标的核心内容。教学过程应强调实践教学环节，如课程实习、毕业设计等，以帮助学生将所学知识应用于实际工作。同时，教育机构需积极开展创新项目和竞赛活动，鼓励学生挖掘潜力、锻炼创新思维。此外，教学质量管理体系要与产业界保持密切合作，使学生在实际工作环境中提高实践能力和创新能力。高职院校还应关注学生个性化发展，为他们提供充分的资源和支持，培养具有独立思考和解决问题能力的应用型人才。

3. 提升学生的职业素养和社会责任感

高职教育应注重培养学生的职业道德、团队协作能力和沟通能力等素质。通过开设相关课程，培养学生的职业道德、团队协作能力和沟通能力。通过开展丰富多样的实践活动，如社会实践、志愿服务等，帮助学生树立正确的职业观念，增强其社会责任感。高职院校还应注重培养学生的领导力、组织协调能力以及创业意识，使他们在毕业后能够更好地适应社会，为企业和社会做出贡献。

4. 满足社会和产业发展需求

满足社会和产业发展需求是高职教学质量管理的终极目标。高职教育应紧密结合社会和行业发展动态，调整专业设置和课程体系，培养符合市场需求的人才。要加强与企业的合作，提高教育与产业的对接度，为社会提供更具竞争力的人才。

二、高职教学质量管理的主要内容

为了提高教学质量，培养高素质应用型人才，满足社会和产业发展需求，高职院校应全面加强教学质量管理，以实现人才培养目标。高职教学质量管理涉及多个方面，包括教学计划管理、教学内容管理、教学方法管理、教学过程管理和教学评价管理等（如图3-9）。

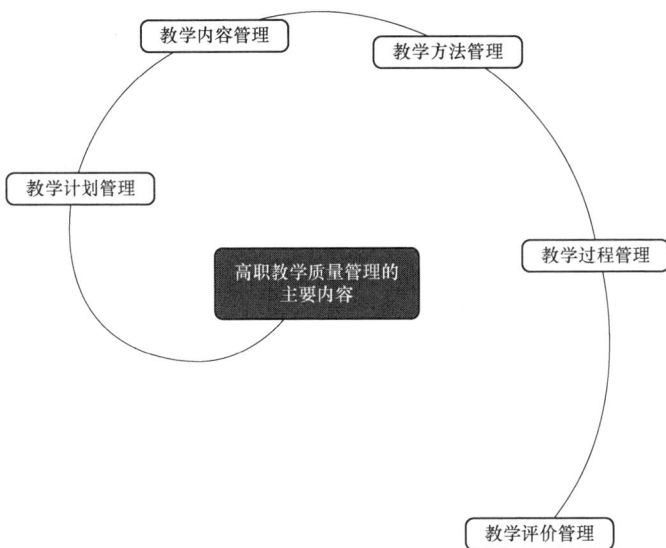

图 3-9　高职教学质量管理的主要内容

（一）教学计划管理

教学计划是高职教育的基本规划，是教学活动的总体安排。为实现人才培养目标，高职院校应在教学计划管理方面投入充沛的精力，确保教学计划的合理性和有效性。具体而言，高职院校需要明确课程设置、教学进度、教学资源等方面的要求，以确保教学活动按计划进行。在课程设置方面，高职院校需要明确课程设置的要求。课程设置是教学计划的基础，它决定了学生所学的知识和技能，因此需要结合行业和职业发展趋势、学生需求和毕业要求等因素，科学合理地设计课程。为此，高职院校需要加强与企业的合作，了解行业需求，及时调整课程设置，确保课程与市场需求相适应。教学进度方面高职院校需要进行合理安排。教学进度是教学计划的重要组成部分，它决定了教学的时间安排和进度控制。为了确保教学进度的合理性和有效性，高职院校需要制订科学的教学计划，包括开学时间、放假时间、考试时间、教学周数等，同时要注意课程之间的关联和前后顺序。教学进度安排的合理性和有效性直接影响着学生的学习效果和毕业质量。教学资源是教学计划实施的基础，包括教师、教学设备、教室、实验室等。为了确保教学资源的充分利用，高职院校需要制定合理的资源使用计划，包括教师的教学任务分配、教学设备的使用管理、教室和实验室的调度等。同时，高职院校还需要加强教学设备和实验室的更新和维护，以保证教学资源的质量和可靠性。此外，高职院校还应监控和评价教学计划的实施效果，不断优化教学计划，以提高教学质量和满足社会经济发展需求。

（二）教学内容管理

教学内容管理在高职教育中占有重要地位，它涉及教学大纲的开发与更新、教材的选择与优化以及教学资源的组织等方面，旨在为学生提供高质量的教学内容，实现人才培养目标。首先，开发和更新教学大纲是教学内容管理的基础。教学大纲明确了教学目标、教学内容和教学要求，为教学活动提供指导。在制订教学大纲时，需要充分考虑专业特点、行业需求和人才培养目标，确保教学内容与实际需求紧密相连。此外，随着行业发展和技术进步，教学大纲应不断更新，以反映新的知识和技能要求。其次，选择和优化教材是提高教学质量的关键。教材是学生学习专业知识和技能的重要途径，教材质量直接影响学生的学习效果。因此，高职院校应关注教材选择，引进优质教材，确保教材内容的科学性、实用性和先进性。同时，教材应不断优化，以满足教学和人才培养的需求。最后，组织教学资源是提供多样化教学支持的重要环节。高职院校应积极整合内外部教学资源，为教学活动提供丰富多样的支持。例如，高职院校可以与企业合作，引入实际工程项目作为教学资源，以提高学生的实践能力；可以利用现代信息技术，如网络、多媒体等，为教学活动提供便捷高效的支持；还可以开展教师培训和教学研究，提高教师队伍的教学水平和能力。

（三）教学方法管理

教学方法是实施教学活动的手段和途径，是提高教学效果的关键。为了提高教学质量，高职院校应在教学方法管理方面下功夫，具体如下：

1. 推广先进的教学理念和方法

推广先进的教学理念和方法是教学方法管理的核心之一。例如，情景教学是指根据学生的生活经验和实际情境，将学习环境和学习内容相结合，使学生在自然情景中体验学习的过程，从而激发学生的学习兴趣和积极性。项目式教学则是以实际项目为基础，让学生通过参与项目的规划、实施和评估等全过程，锻炼学生的实践能力和团队协作精神。翻转课堂则是将课堂上的讲授内容转移到课堂外完成，而将课堂时间用于解决学生在学习过程中遇到的问题，帮助学生更好地理解和应用所学知识。高职院校应根据自身特点和教学需求，选取适合自己的先进教学理念和方法，并在教学中加以应用。例如，在课程设计中，可以引入情境教学的理念，让学生在情境中学习，提高学习效果；在课堂教学中，可以采用翻转课堂的方法，让学生在课堂外学习，课堂上进行互动和讨论，促进学生的深度学习。

2. 提高教师的教学能力和水平

教师是实施教学活动的主体，其教学能力和水平直接关系到教学效果。因此，高职院校应加强教师的教学能力和水平的培训和提高。教师培训可以采用多种形式，如举办培训班、邀请专家讲座、组织研讨会等。培训内容可以包括教学方法、教学设计、教学评价、课程建设等方面。通过教师培训，提高教师的教学水平，加强对教师的指导和监督，推动教师的专业发展。

除了教师培训，高职院校还应注重教师的自我提高和教学创新。教师是教学方法的实施者，他们的教学能力和水平直接影响到教学效果和质量。因此，高职院校应该通过各种途径提升教师的教学水平，包括培训、进修、交流和研究等。同时，鼓励教师进行教学创新和探索，以满足学生多样化的学习需求。教师可以通过教学实验、课堂探究和教育科技等手段，创新教学方法，提高教学效果。另外，高职院校还应加强对教学方法的评价和改进。教学方法评价是教学质量管理的重要环节之一。通过教学方法评价，可以了解教学方法的优点和不足之处，及时进行调整和改进。评价方法可以采用学生问卷、教师反馈和教学观摩等多种方式，以多元化的方式获取评价信息。评价结果应及时反馈给教师和相关部门，促进教学方法的改进和优化。

（四）教学过程管理

教学过程管理在高职教育中具有重要意义。通过合理的教学进度计划、有效的教学活动监控、关注学生学习状况和组织实践教学等措施，高职院校可以提高教学质量，培养学生的实践能力，为社会和产业发展培养更多优秀的应用型人才。一方面，制订教学进度计划和监控教学活动是教学过程管理的关键。教学进度计划是教学活动的时间安排，它为教师和学生提供了明确的教学节奏，有助于保证教学任务的有序进行。制订教学进度计划时，需要充分考虑教学内容、教学目标和学生的实际情况，确保计划的合理性和可行性。此外，对教学活动进行有效监控，可以及时发现教学中的问题，如教学方法、教学质量等，进而采取相应措施进行改进，提高教学质量。另一方面，关注学生学习状况和组织实践教学是提高学生实践能力的重要途径。高职教育应关注学生的学习需求和学习困难，提供个性化的学习辅导和支持，激发学生的学习兴趣和积极性。同时，高职院校应注重实践教学环节，如课程实习、实训、毕业设计等，帮助学生将所学知识与实际工作相结合，培养其实践能力。实践教学可以通过与企业合作、开展校企联合培训、建立实训基地等方式进行，以满足不同专业和学生的需求。

（五）教学评价管理

教学评价是对教学活动效果的检验和反馈，是提高教学质量的重要手段。高职院校应加强教学评价管理，以确保教学质量的持续提升。首先，建立健全教学评价体系，确保评价的科学性和合理性。其次，开展多元化的教学评价，包括学生评价、教师自评、同行评价、专家评价等，以全面了解教学效果。最后，运用教学评价结果，不断改进教学活动，促使教师提升教学水平，优化教学方法和内容。

三、高职教学质量管理的实施策略

高职院校需要与时俱进，紧密结合自身实际情况，不断优化教学质量管理体系，为高职教育的发展和提升创造良好的条件。高职教学质量管理的实施策略可以从五个方面展开论述：组织体系、制度与规范、评价体系、信息化建设和培训与交流。这五个方面相互补充，共同推动高职教学质量管理的实施。

第一，建立健全高职教学质量管理组织体系是实施策略的基础。组织体系的建立包括教学质量管理领导小组、教学质量管理办公室和队伍建设。领导小组负责对教学质量管理进行统筹领导，明确职责与权限，教学质量管理办公室则承担具体工作。加强队伍建设，培养专业化的教学质量管理人才，为高职教学质量管理提供有力支持。

第二，为确保教学质量管理的有效性和科学性，需要制定完善的教学质量管理制度，明确教学质量管理的目标、内容、方法和程序。同时，制订教学质量管理规范，规范教学活动，提高教学质量。定期对教学质量管理制度和规范进行修订和完善，以适应教育发展的新要求。

第三，建立科学、客观公正的教学质量评价体系是提高教学质量的重要手段。构建多元化的评价体系，确保教学评价的有效性和合理性。将教学评价结果与教师绩效考核、学生奖励制度等挂钩，激励教师提高教学水平，促进学生积极学习。运用教学评价结果，不断改进教学活动，提高教学质量。

第四，加强教学质量管理信息化建设是实现教学质量管理现代化的关键。加强教学质量管理信息化建设，利用现代信息技术手段，建立教学质量管理信息系统，实现教学质量管理的数据化、信息化。通过信息系统收集、分析和反馈教学质量数据，为教学质量管理决策提供依据。运用教学质量管理信息系统，加强教学质量管理的监控和预警，及时发现和解决教学质量问题。

第五，开展高职教学质量管理培训与交流是提升教学质量管理水平的有效途径。组织教师参加教学质量管理培训，增强教师的教学质量管理意识和能力。开展教学质量管理研讨和交流活动，分享教学质量管理经验和成果，提升教育教学水平。加强与其他高职院校的教学质量管理合作与交流，共同探索更有效的教学质量管理方法和策略，共同提升高职教育教学质量。

四、高职教学质量管理的保障措施

教学质量管理是高职教育中非常重要的一环，需要多方面的保障措施，只有在保障措施的支持下，教学质量管理工作才能更加有效地开展，为高职教育的发展提供坚实的保障。高职教学质量管理的保障措施主要包括以下几个方面（如图 3-10）。

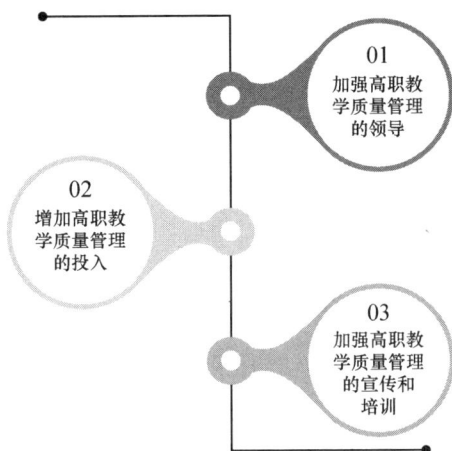

图 3-10　高职教学质量管理的保障措施

首先，加强高职教学质量管理的领导。为了确保高职教学质量管理的有效实施，高校领导层应重视教学质量管理工作，将其纳入学校发展战略。此外，明确各部门和教职工在教学质量管理中的责任和任务，建立教学质量管理责任追究制度。通过这些措施，可以营造出一个对教学质量管理高度重视的氛围，从而确保教学质量管理工作的顺利进行。

其次，增加高职教学质量管理的投入。为了保障教学质量管理工作的顺利开展，高职院校应加大对教学质量管理工作的经费投入。这包括加强教学设施和教学资源的建设，如更新教室、实验室等设施。同时，设立教学质量管理专项资金，用于教学质量管理的培训、研究和改进等方面。这些投入有助于为教学质量管理提供所需的硬件和软件支持。

最后，加强高职教学质量管理的宣传和培训。高职院校可以通过各种形式开展教学质量管理宣传活动，提高教师和学生对教学质量的认识和重视。同时，定期举办教学质量管理培训班，帮助教师提高教学质量管理能力，掌握更有效的教学方法和技巧。通过宣传和培训的加强，有助于提升教师和学生对教学质量管理的认识，进而促进教学质量的持续提高。

以上分别从领导、投入和宣传培训等方面提出了高职教学质量管理的保障措施针对教学质量管理的保障措施，加强领导是关键所在。高校领导要把教学质量管理工作纳入学校发展战略，并提供足够的政策和资源支持，明确责任和任务，建立责任追究制度，确保教学质量管理工作落到实处。同时，增加教学质量管理的投入也是重要措施之一。投入经费、硬件设施和教学资源等，为教学质量管理提供保障。除了增加经费投入外，设立教学质量管理专项资金，用于教学质量管理的培训、研究和改进等方面也是非常必要的。加强教学质量管理的宣传和培训也是非常重要的保障措施。通过各种形式的宣传活动，增强教师和学生的教学质量意识；定期举办教学质量管理培训班，提高教师的教学质量管理能力；开展教学质量管理的专题研讨，总结和推广教学质量管理的经验和做法。这些都可以有效地促进教学质量管理工作的开展。

第四章　高职教学管理的创新发展

第一节　高职教学机制的创新

随着我国社会经济的飞速发展，各行各业对技术技能型人才的需求量与日俱增，高等职业教育作为培养应用型人才的重要培养基地，其发展势头迅猛，前景广阔。教学管理作为高等职业院校各项管理工作的重中之重，需要不断进行改革创新，探索新的管理模式，不断提升高等职业院校的管理质量和管理水平。

一、高职教学机制创新的必要性

高职教学机制创新是高职教育发展的重要动力和保障。在当前经济社会发展的背景下，高职教学需要以机制创新为核心，不断提高教育教学质量和效益，培养适应现代化、产业化和信息化需要的高素质应用型人才。

（一）适应经济社会的发展需求

随着经济全球化的加速和科技的不断进步，社会对高素质的技能人才的需求不断增加。高等职业教育作为培养应用型人才的重要阵地，需要适应经济社会的发展需求，不断创新教学机制，提高学生的实践能力和综合素质。教学机制创新可以拓展课程和实践教学内容，为学生提供更多的学习机会和实践锻炼，使其具备更全面的实践能力和综合素质，更好地适应社会的发展和需要。此外，随着国家"双一流"和"中国制造 2025"等战略的实施，对于技能人才的培养要求也越来越高。高等职业教育需要通过教学机制创新，更好地适应产业的发展需求，加强与企业、产业的合作，将教学和实践更好地融合起来，提高学生的实际应用能力和职业素养，满足经济社会发展对高素质技能人才的需求。

（二）提高教学质量和水平

高等职业教育是培养应用型人才的主要渠道，但目前高等职业教育的质量和水平并不尽如人意。高等职业教育需要进行教学机制创新，进一步提高教学质量和水平，满足社会和经济的发展需要。教学机制创新需要从教学方法、课程设置、教学管理等多个方面入手，建立科学合理的教学管理模式，促进高等职业教育教学质量的提升。在课程设置方面，高等职业教育需要根据产业和市场的需求，不断拓展和完善课程设置，使课程更加实用和贴近实际，满足学生就业和创业的需要。在教学管理方面，高等职业教育需要建立完善的教学管理制度，强化教学质量监控和评估，保证教学质量的稳步提升。

（三）增强学生的创新能力和创业意识

随着科技的不断进步和经济的快速发展，创新已经成为推动经济社会发展的重要力量。高等职业教育需要通过教学机制创新，增强学生的创新能力和创业意识，为学生未来的职业生涯打下坚实的基础。教学机制创新需要从多个方面入手，为学生提供更加全面和系统的创新和创业教育。在教学内容方面，高等职业教育需要增加创新和创业相关的课程，如创新设计、创业管理等，引导学生学习创新和创业的理论知识。在教学方法方面，高等职业教育需要采用更加灵活多样化的教学方法，如课堂演讲、实践教学等，提高学生的创新思维和实践能力。在教学资源方面，高等职业教育需要加强与产业界和社会的合作，为学生提供更多的创新和创业实践机会，拓展学生的视野和经验。

二、高职教学机制创新的具体路径

本文将围绕高职教学机制的创新，展开教学管理体制改革、教学评价制度创新、激励与奖励机制的完善、学分制与学分银行制度的探索四个方面的论述，以期为高等职业院校教学改革提供借鉴与思考。

（一）推进教学管理体制改革

教学管理体制改革是高等职业教育体系建设的重要组成部分，也是教学质量和效果的重要保证。传统的教学管理体制已经难以适应现代高职教育的需要，因此高职院校需要进行教学管理体制的改革。具体的改革路径包括建立科学合理的管理体系、强化教学管理的专业性和推进信息化教学管理（见图 4-1）。

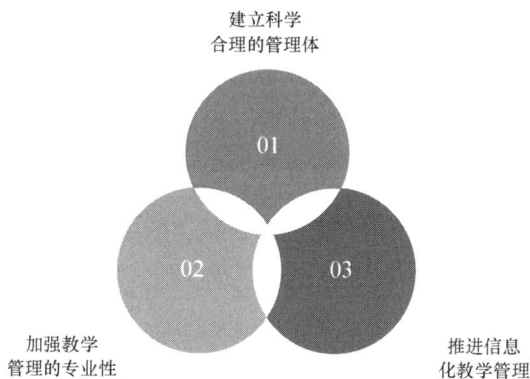

图 4-1 推进教学管理体制改革

1. 建立科学合理的管理体系

教学管理体系是指包括教学规划、课程设置、教材选用、教师评估等方面的教学管理流程和机制。建立科学合理的管理体系，需要从教学规划、课程设置、教材选用、教师评估等方面入手，优化管理流程和机制。教学规划和课程设置是教学管理体系的重要组成部分，学校应该根据不同专业的需求和社会需求制订相应的教学计划和课程设置，实现教学目标的全面升级和优化。同时，学校需要根据教学计划和课程设置，选择符合教学目标和学生需求的教材，建立起科学合理的教材选用机制。教师评估是衡量教学质量的重要指标，学校需要制定科学的评估方法和标准，对教师的教学能力和实际成效进行全面考核，促进教师专业能力的提高和教学管理水平的全面升级。

2. 加强教学管理的专业性

传统的教学管理体制缺乏专业性，学校管理人员和教师的管理意识和管理能力普遍存在不足。因此，高等职业院校需要建立专业化的教学管理机构和管理团队，选派专业背景较为强的教师或聘请专业管理人员，提升教学管理人员的管理能力和管理水平，强化教学管理的专业性。教学管理机构需要实现教学管理的专业化和科学化，建立起科学合理的管理体系和规范化的管理流程，从而提高教学管理的专业化和科学化水平。

3. 推进信息化教学管理

教学管理信息化的发展是学校信息化发展的重要组成部分，可以提高教学管理的效率和准确度，缩短管理流程和周期，实现教学管理的精准化和科学化。信息化教学管理主要包括以下几个方面的工作：（1）建立完善的信息化教学管理系统。高职院校需要建立一套完善的信息化教学管理系统，包括教学计划、课程设计、学生选课、教师授课、考试评价等环节。通过信息化平台实现教学资源的共享和管理，提高教学效率和教学管理水平。（2）推广在线教学和远程教育。随着信息技术的发展和互联网的普及，高职院校需要积极推广在线教学和远程教育，利用网络教学平台和教学管理系统开展课程教学，以提高教学质量和效果，满足学生个性化学习需求。（3）加强教学数据的管理和分析。高职院校需要加强教学数据的管理和分析，建立学生学习档案和教师教学档案，通过信息化技术对学生学习情况和教师教学情况进行数据分析，为学校制定教学管理和质量评价提供参考和支持。（4）推进移动教学。高职院校需要推进移动教学，充分利用移动设备和应用软件，将教学资源和教学过程移动化，实现教学场景的多样化和教学方式的创新，提高教学效果和学生参与度。（5）开展大数据教学管理研究。高职院校需要开展大数据教学管理研究，利用大数据技术对学生学习行为和教师教学效果进行分析和评价，从而实现教学管理的智能化和个性化。

（二）教学评价制度创新

教学评价是教学过程中的重要环节，也是衡量教学效果的重要指标。传统的教学评价制度往往过于注重学生学习成绩，忽视学生综合素质的培养。高职院校需要进行教学评价制度的创新，以实现学生综合素质的全面培养。具体的创新措施见图4-2。

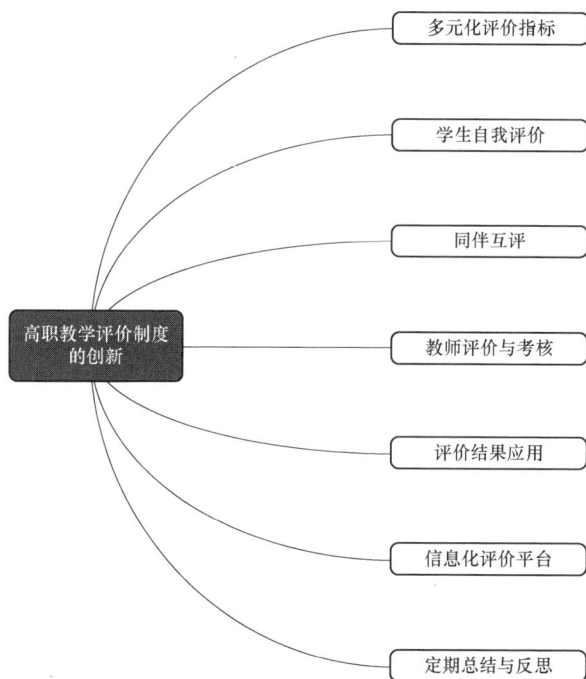

图4-2　教学评价制度创新

1. 多元化评价指标

高职院校需要建立多元化的教学评价指标，不仅注重学生的学习成绩，还要注重学生的实践能力、创新能力和团队协作能力等方面的评价。例如，学校可以设置不同的评价项目，如课堂表现、团队项目、实习实践、创新创业等，并为每个项目设定相应的评价标准和权重。通过这种方式，学校可以更全面地评估学生的综合素质，引导学生关注自身的全面发展。

2. 学生自我评价

高职院校需要鼓励学生进行自我评价，提高学生的自我认知和自我管理能力，激发学生的学习积极性和创造性。学生自我评价可以通过定期进行自我评价报告、反思日志等方式实施，要求学生对自己的学习过程、学习方法和学习成果进行分析和评价。通过自我评价，学生可以更好地认识自己的优点和不足，找到合适的学习方法，提高学习效果。

3. 同伴互评

高职院校可引入同伴互评机制，让学生在课堂、实践、团队项目等方面互相评价，以提高学生的沟通和协作能力。同伴互评可以帮助学生认识到自己在团队中的作用和责任，促使学生更积极地参与团队合作。同时，同伴互评也能让学生从不同角度观察和思考问题，提高学生的综合素质。

4. 教师评价与考核

高职院校需要建立完善的教师评价与考核制度，以确保教师教学质量和水平的提升，同时也要激发教师的积极性和创造性。教师评价和考核制度可以包括学生评价、同行评价、领导评价以及专家评价等多种方式，确保对教师的全面、客观、公正评价。教师评价应关注教师的教学方法、课程设计、教学组织和学生指导等方面，同时要鼓励教师进行教学创新，提升教育教学质量。教师考核结果可作为教师职称晋升、奖励和培训的依据，激励教师不断提升自身水平。

5. 评价结果应用

高职院校需要将教学评价结果应用于教学改进和管理，及时发现问题和不足，并加以纠正和完善。学校可以根据评价结果对课程设置、教学资源、师资队伍等方面进行优化调整，提升教育教学质量。同时，学校还可以通过评价结果进行教育教学政策的制定和修订，确保政策的科学性和有效性。

6. 信息化评价平台

高职院校可利用信息化技术建立教学评价信息化平台，实现评价数据的实时采集、分析和反馈。通过信息化评价平台，学校可以更加方便地进行评价管理，提高评价效率和质量。同时，信息化评价平台还可以为教师、学生和管理者提供个性化的评价反馈和建议，有利于各方面的自我改进和提升。

7. 定期总结与反思

高职院校需要定期对教学评价制度进行总结和反思，以发现制度中存在的问题和不足，及时进行调整和完善。学校可以邀请教师、学生、行业专家等多方参与评价制度的总结与反思，共同探讨教学评价制度的改进方向。

（三）激励与奖励机制的完善

激励与奖励机制是高等职业院校教学管理的重要手段，也是激发教师和学生的学习热情和创造力的关键。传统的激励与奖励机制往往过于单一，缺乏针对性和差异性。高职院校需要进行激励与奖励机制的完善，以实现教师和学生的全面发展和成长。具体的完善措施见图4-3。

1. 激励与奖励机制的针对性与差异性

在高职院校的教学管理中，激励与奖励机制应注重针对性与差异性。针对性主要体现在根据教师和学生的具体情况，制定出有针对性的激励措施。差异性则表现为针对不同个体和群体，采取差异化的激励方式。这样做既能发挥激励机制的积极作用，也有助于提升教师和学生的内在动力。

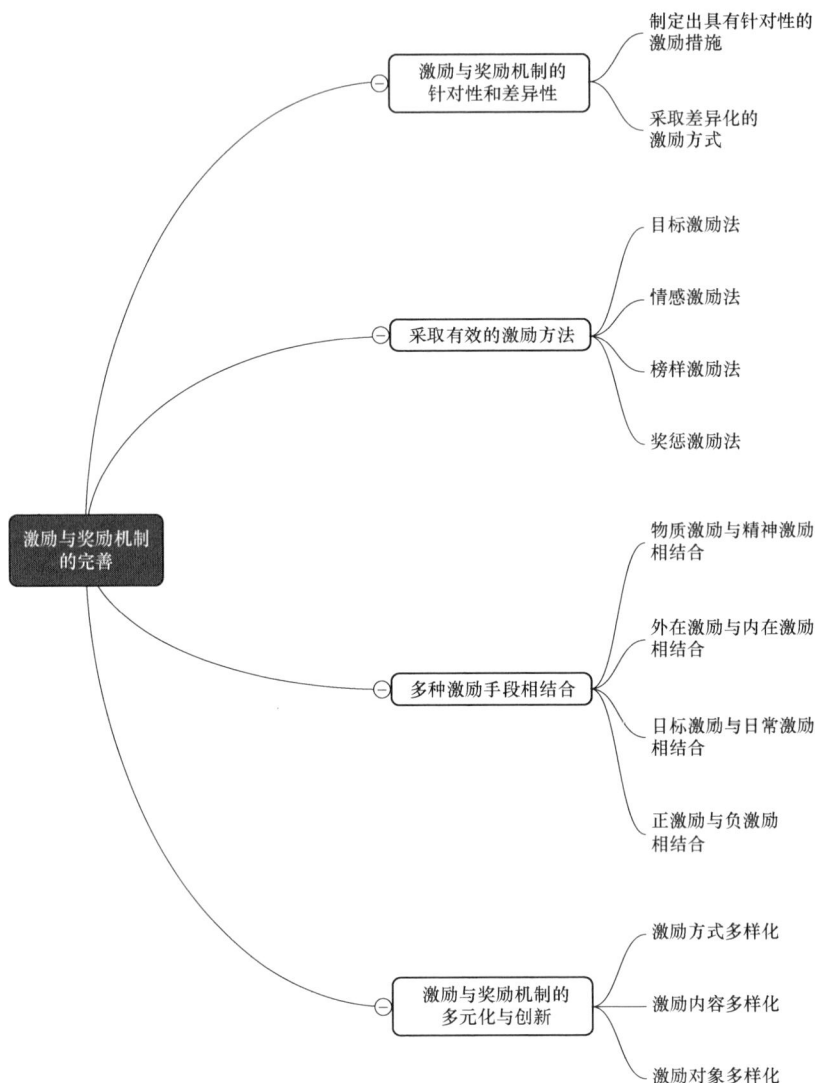

图 4-3　激励与奖励机制的完善

　　针对性的激励与奖励机制意味着要根据教师和学生的具体情况来设计激励措施。对于教师而言，应该结合他们的教学特点、学科背景和教育理念等因素，设计出针对性强的激励措施。例如，对于那些在教学中表现突出的教师，可以给予教学成果奖、优秀课题奖等奖励。对于那些在科研方面有所建树的教师，可以给予科研成果奖、优秀论文奖等奖励。同时，还可以根据教师的个人发展需求，提供专业培训、学术交流等支持。对于学生而言，针对性激励应该关注他们的学习兴趣、发展方向和个性特点等方面。例如，对于那些学习成绩优异的学生，可以给予奖学金、荣誉证书等奖励。对于那些在实践活动中表现出色的学生，可以给予实践优秀奖、实践锻炼机会等奖励。此外，还可以根据学生的个性和需求，为他们提供个性化的辅导和支持。

差异性的激励与奖励机制要求针对不同个体和群体，采取差异化的激励措施。在教师激励方面，应该关注教师之间的差异，例如，年龄、性别、职称、学科背景等。对于不同类型的教师，可以设置不同的奖励标准和激励方式。例如，对于年轻教师，可以重点激励他们在教学和科研方面的探索和创新，给予一定的实验空间和支持；对于资深教师，可以关注他们在教育教学改革和人才培养方面的经验积累，为他们提供更多的学术交流和合作机会。在学生激励方面，应该关注学生之间的差异，例如成绩、兴趣、特长等。对于不同类型的学生，可以设置不同的奖励标准和激励方式。例如，对于成绩优秀的学生，可以重点关注他们在学术方面的发展，提供更多的学术竞赛和研究项目机会；对于实践能力强的学生，可以关注他们在技能培训和实践锻炼方面的需求，为他们提供更多的实践平台和资源。

2. 采取有效的激励方法

高职教学中要采取有效的激励方法，常用的激励方法有目标激励法、情感激励法、榜样激励法、奖惩激励法、竞争激励法等。

（1）目标激励法。目标激励是指通过目标的设置来激发广大教职员工的动机，指导其行为，从而充分调动和激发其积极性、主动性和创造性。目标对个人的发展具有巨大的激励作用。在心理学中，目标被称为诱因，由诱因诱发需要和动机，再由动机达成目标的过程就是激励过程。目标是指满足人们需要的对象，也是调动人的积极性的有形的、可以测量的成功标准，或者说目标是人们期望在行动中达到的成就或结果。简而言之，目标就是人们的行为目的。

（2）情感激励法。情感激励法是指通过一定的形式和途径，对激励客体的情感产生影响，从而使其焕发内在精神力量的过程。与有形的物质相比，无形的情感所产生的激励作用更为持久。情感是一种复杂的心理活动，是根据客观事物是否符合人们的主观需要而产生的一种态度的体验，对人们的实践活动具有信号、感染和动力的功能。情感对人的认识有重大影响，尤其正面情感是人的活动的催化剂。此外，情感还具有主体性的调节作用，成为人际关系的黏合剂，亲密、融洽、协调的情感关系可以激发士气，使组织效率倍增。只有将尊重、理解和信任同培"智造工匠"人才培养有机结合起来，情感激励才能收到实效。

（3）榜样激励法。榜样激励法就是用先进人物的优秀品德激励、感染、影响受教育者，使之形成优良品德的一种方法，是高职教学激励机制中的重要方法之一。在高职教学中通过邀请专家到学校举办讲座，通过榜样的引领作用，引导对榜样进行模仿和学习，产生极大的激励作用，从而不断完善自我、提高自我。

（4）奖惩激励法。奖惩激励是奖励激励与惩罚激励的结合，它是指通过奖励或惩罚的手段，认同、赞扬并扶持激励对象的积极行为，否定乃至根除激励对象的消极行为的过程。奖惩是通过一定的物质或精神方式，对符合管理意图、达到管理要求目标的人或事进行表扬，给予肯定和鼓励；对于不符合管理意图、违背管理禁令的人或事进行批评，给予否定和惩罚的一种方法。在高职教学中运用奖惩激励法时，一方面要做到客观、公平、公正和公开，另一方面要注意把握好奖惩的时间和力度。

3. 多种激励手段相结合

高职教学激励机制的创新还要采取多种激励手段相结合的方式，具体可以采用物质激励与精神激励相结合、外在激励与内在激励相结合、目标激励与日常激励相结合、正激励与负激励相结合等方式。

（1）物质激励与精神激励相结合。经济学的经济人假设认为，人都是经济人，都追求自身利益的最大化。人们基本上是受经济性刺激物激励的。在当今时代，人们生活水平已普遍提高，物质尤其是金钱与激励之间的关系呈现出弱化趋势。然而物质需要仍是人类的第一需要，是人们从事一切活动的基本动因，所以在"智造工匠"人才培养激励机制中，物质激励仍然是激励的最重要形式。物质激励必须公正，必须反对平均主义。在激励机制中如果有失公平和持有平均主义，那么，物质激励是毫无意义的。精神激励主要是从人的精神上给予刺激，激发出一定的效果，更好地为预期目标所服务。精神激励的主要手段通常有授予荣誉称号、通报表彰等。精神鼓励要坚持有效的原则，同时公正也是不可或缺的。如果精神激励使得被激励客体无动于衷，将是精神激励的失败。高职教学管理激励机制应该改变单一的激励形式，采取物质奖励和精神奖励相结合的方式，充分考虑广大师生的物质需要和实际需求，发挥激励机制的最大效用。在物质激励了之外精神激励也是必不可少的。学校可以通过评优、表彰等方式来满足广大师生的精神层次需求和自我发展需求。无论物质激励还是精神激励，它们都不可能十分完美地将激励效应发挥到最大化，因而需要将物质激励和精神激励结合起来，使得两者各自发挥自己的长处，弥补双方的不足，使其在高职教学管理激励机制中更高效地发挥激励作用。

（2）外在激励与内在激励相结合。外在激励指的是来自激励客体以外的刺激因素。内在激励指的是来自激励客体自我的刺激因素，强调自身对自身的刺激，产生激励效应。高职教学激励机制要采取外在激励和内在激励相结合的方式，充分激发广大师生的主动性和积极性。外在激励一般是从外部工作环境中所获得的激励；内在激励一般是指在不受外部环境影响的情况下，从学习中所获得的心理和精神上的满足。外在激励通常具有直接而显著的效果，但是这种激励不太容易持久，所以很难形成长效的机制。与之相反，内在激励的形成过程相对比较漫长、形成过程也相对艰难，但是激励效果一旦形成，就会产生持久而深远的影响。内在激励能够有效激发主体的自豪感和成就感，促使他们不断学习新的知识和技能。高职教学激励机制要将外在激励和内在激励有效结合起来，充分利用其特点，借助外在激励的直接效应，同时又以内在激励为主形成长效的治理机制，使高职教学管理工作取得事半功倍的效果。

（3）目标激励与日常激励相结合。目标激励指的是确定适当的目标，诱发人的动机和行为，达到调动被激励客体积极性的目的。目标作为一种诱因，具有引发、导向与激励的作用。高职教学管理目标激励中的目标设定需要切合实际，具有可行性，否则目标激励就起不到实际的效果。日常激励指的是将实现目标的过程分成若干个阶段，在目标完成的若干阶段上根据实际情况给予鼓励。日常激励有助于总的目标的实现，日常激励的方式非常灵活，可以有口头表扬也可以有物质奖励，要根据变化的实际确定日常激励方式。目标激励和日常激励同样是辩证统一的。目标激励是为了实现总的目标而实施的激励。日常激励是在目标实现的每个阶段上实施的激励，是过程性激励。日常激励，有利于总目标的实现，目标激励也规定着日常激励。因此，高职教学管理激励机制中二者是密不可分的关系，只有将目标激励和过程激励结合起来，才能高职教学管理激励机制的创新。

（4）正激励与负激励相结合。高职教学激励机制中可以采取正激励与负激励相结合的方式，可以通过表扬、奖励等正激励的方式来为广大师生树立榜样、指明方向。同样，也可以通过批评、教育等负激励手段对错误行为做出惩戒，在帮助其改正错误的同时能够警醒其他人，使高职教学管理激励机制朝着积极健康的方向发展。

4. 激励与奖励机制的多元化与创新

高职院校在完善激励与奖励机制时，还需要注重多元化与创新，以适应教育教学的发展需求和社会变革的挑战。多元化的激励与奖励机制要求在激励方式、激励内容和激励对象等方面进行多样化的设计。在激励方式上，除了传统的物质奖励（如奖金、奖品等）和荣誉奖励（如证书、称号等）之外，还可以尝试引入心理激励、组织激励等新型激励手段，以满足教师和学生的多样化需求。在激励内容上，除了关注教师和学生的教学、科研、实践等方面的成果，还可以关注他们在团队合作、创新思维、人际交往等方面的表现。在激励对象上，除了对个人进行激励之外，还可以关注团队和群体的激励，以培养教师和学生的团队精神和协作能力。创新的激励与奖励机制要求不断尝试新的激励理念和方法，以适应教育教学的变革和发展。例如，可以尝试引入竞争性激励、合作性激励等新型激励方式，以激发教师和学生的积极性和创造力。在竞争性激励中，通过设置竞赛、评比等活动，鼓励教师和学生争取更高的荣誉和成就。在合作性激励中，通过组织团队项目、协作研究等活动，培养教师和学生之间的互助合作精神，共同提高教育教学质量。此外，可以尝试将现代信息技术与激励机制相结合，以提高激励的效率和效果。例如，可以利用大数据技术对教师和学生的表现进行综合评价，以便更精确地制定激励措施；可以利用社交媒体、在线平台等渠道对教师和学生的优秀成果进行宣传和推广，以提升他们的荣誉感和成就感。

（四）学分制与学分银行制度的探索

学分制与学分银行制度是现代高职教育的重要组成部分，是高职教学制度创新的重要手段。传统的学分制和学分银行制度往往过于刻板，缺乏灵活性和个性化。高职院校需要探索学分制和学分银行制度，以实现教育资源的优化配置和高等职业教育的可持续发展，具体如下（见图4-4）。

图4-4　学分制与学分银行制度的探索

1. 建立灵活的学分制度

高职院校建立灵活的学分制度，可以有效地满足学生的个性化需求，提高教育教学质量。分模块课程设置是实现灵活学分制的关键。在课程设计时，学校应当关注学生的兴趣和特长，为学生提供丰富、多样化的选课机会，满足不同专业、不同水平、不同发展方向的学生需求。具体措施包括：

（1）确立课程模块：将课程划分为基础课程、专业课程、实践课程和通识课程等不同模块，使学生能够根据自身需求选择适合自己的课程。（2）创新课程内容：高职院校应注重课程内容的创新，以适应社会发展和产业需求的变化。这包括但不限于引入新的教学方法、技术和工具，开发跨学科的课程，以及加强与企业合作，提高课程的实践性和应用性。（3）灵活学习时间：在学分制下，学生可以根据自己的进度和时间安排进行学习，有利于培养学生的自主学习能力和创新精神。学校可考虑开设夜间、周末或者网络课程，为学生提供更加灵活的学习时间。

2. 建立学分银行制度

学分银行制度是学分制的一种升级发展，能够实现学生学习成果的累积和转换，为学生提供更加公平、科学的评价方式。高职院校建立学分银行制度，可以提升学生的职业竞争力和发展潜力。首先，高职院校应设立学分银行，将学生在校内外取得的学分进行统一管理。学生在完成相应课程或活动后，可以将所获得的学分存入学分银行。其次，高职院校需要制定学分累积和转换规则，明确学生如何在不同课程、不同学期、不同院校之间进行学分累积和转换。这有助于保障学生学习成果的有效认可和利用。最后，应建立跨学科学分互认机制，允许学生在不同专业、不同层次的课程之间进行学分互认。这有助于学生拓宽知识面，提高综合素质，为未来职业生涯打下坚实基础。

3. 建立学分转换机制

学分转换机制是学分制和学分银行制度的重要补充，能够实现不同层次和类型的学分之间的互认和转换，促进高职教育的内部融合和外部对接。具体如下：

（1）制定学分转换标准。学校应制定统一、科学的学分转换标准，确保不同层次、不同类型的学分可以在一定程度上进行互认和转换。这有助于学生在高职教育体系内部或与其他教育体系之间进行无缝对接，提高学习成果的利用率。（2）加强与其他院校的合作：高职院校应加强与其他院校的合作，建立学分互认和转换的合作机制。这有助于促进教育资源的共享，提高教育教学质量。（3）探索与社会、企业的学分对接：学校应积极探索与社会、企业的学分对接，使学生在实际工作中的职业技能和经验得到学分的认可。这有助于提高学生的职业竞争力和就业率。

4. 加强学分管理和服务

学分管理和服务是学分制和学分银行制度的基础保障，为学生提供有效的学分认证和利用。学校应建立完善的学分档案，对学生的学分进行详细记录和管理。这有助于学生随时了解自己的学分情况，为未来的学习和职业发展规划提供参考。此外，学校应建立学分信息系统，实现学分数据的自动化、信息化管理。学分信息系统可以为学生提供在线查询、申请和审批等服务，简化学分管理流程，提高工作效率。

第二节　高职教学模式的创新

教学模式指的是在一定教学思想指导下所建立的比较典型的、稳定的教学程序或阶段。它是人们在长期教学实践中不断总结、改良教学而逐步形成的，它源于教学实践，又反过来指导教学实践，是影响教学的重要因素[1]。随着社会的快速发展和产业升级，高职教育面临着不断提高教育质量和适应新时代需求的挑战。在这一背景下，高职教学模式的创新势在必行。

---

[1] 易云霞. 浅析高职教育中教学模式和教学方法的创新［J］. 金山（下半月），2012（2）.

一、高职教学模式的主要特点

高职教学模式具有概括性、可操作性、针对性的特点，具体如下（见图 4-5）。

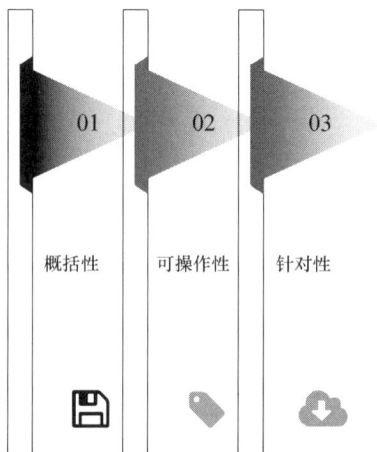

图 4-5　高职教学模式的主要特点

（一）概括性

教学模式并非对教学活动的"翻版"，而是在充分展现其独特个性的基础上，省略开展某一教学活动的非关键因素，从理论层面简洁、系统地呈现模式本身。因此，它是对某一理论的精炼，对实践的提纯，具有概括性。

（二）可操作性

可操作性一方面指教学模式容易被教育者模仿，因为教学模式是教学理论的实践化，同时也是教学实践的概括化。每一个教学模式都提供了教学在时间上展开的逻辑步骤以及每个步骤的主要方法，即操作程序。教师在教学中应先后顺序明确，易于操作；另一方面，由于教学活动的复杂性和独特性，教师、学生以及环境等因素既不能也无需像自然科学实验那样受到精确控制，因此模式的操作程序只能是基本的和相对稳定的。

（三）针对性

任何一种教学模式都是针对教学实践中的问题或某一方面问题而建立的，因此，它具有自己特定的教学目标和适用范围，不可能面面俱到。从这个意义上说，世界上不存在普遍有效的模式，也不存在最优的模式。然而，教学模式与目标并非一对一的关系，而通常是一对多或多对一的关系。通常情况下，一种模式具有多个目标，在多个目标中又存在主次之分。其中主要目标便是各种模式间区别的一个特征，也是人们有针对性地选择模式的一个重要依据。

二、高职教学模式的发展趋势

（一）从单一化向多样化教学模式发展

在人类社会的长期历史中，大多数职业教育都是通过师徒制的方式进行传授。随着资本主义的发展，这种"手工作坊"式的教学模式无法满足社会对技能型人才的需求，高等职业技术教育应运而生并逐渐发展。高职教育逐渐成为独立的教学体系，进入 21 世纪，高职教育作为高等教育的一个重要分支，迅速发展，新的教学理念和科技创新使高职教学模式呈现出百花齐放、百家争鸣的繁荣局面。

（二）由以"教"为主向以"学"为主的模式发展

传统高职教学模式关注教师如何教学，忽视了学生如何学习。杜威的实用主义教学理论使人们认识到学生应当是学习的主体，从而开始研究以"学"为主的教学模式。特别是在信息技术不断发展的背景下，国家和社会对高职教学目标不断提出新要求，这决定了高职学生的主体地位和主观能动性日益受到重视。现代高职教学模式的发展趋势是关注学生在教学活动中的主体性和主观能动性，重视学生对教学的参与，根据高职教学需求合理设计"教"与"学"的活动。

（三）教学模式的日益现代化

在现代高职教学模式研究中，人们越来越重视引入现代科学技术的新理论、新成果。现代化的科技生产力对高职教学产生了重大影响。计算机网络、多媒体技术、移动通信等现代信息技术的应用，为高职教学提供了丰富多样的教学手段和资源。这些手段不仅提高了教学效率，而且有助于激发学生的学习兴趣，提高学生的自主学习能力。许多高职教学模式研究已经开始关注利用计算机网络和人工智能等先进科技成果对教学的促进和影响，高职教学模式也在向现代化的方向发展。

三、高职教学模式创新的重要意义

高职教学模式创新有助于提高教育质量、培养创新型技能人才、提升高职教育的社会地位、增强高职教育的国际竞争力以及推动教育改革和发展（见图 4-6）。

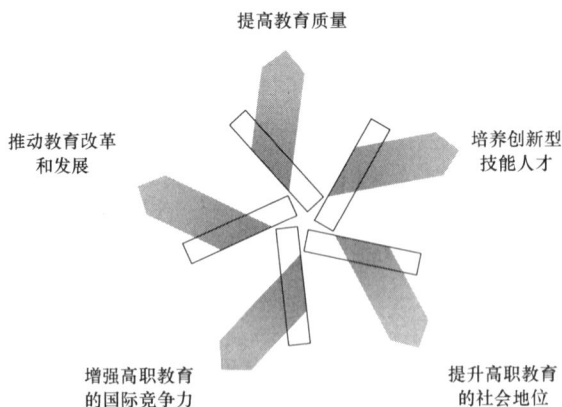

图 4-6　高职教学模式创新的重要意义

（一）提高教育质量

高职教学模式创新有助于提高教育质量。通过多样化的教学方法，以学为主的教学理念，强化实践性和应用性，关注个性化与差异化教学，教师可以更好地激发学生的学习兴趣和主动性，提高学生的理论水平和实践能力，使学生在完成学业的同时具备较强的就业竞争力。教学模式的创新有助于为学生提供更加丰富和有效的学习资源，提升学生的综合素质和能力，培养具有良好职业素养和道德品质的技能型人才。

（二）培养创新型技能人才

创新是推动社会发展的重要动力。高职教学模式创新关注学生的主体性和创新能力，有利于培养具有创新精神和实践能力的技能型人才。这种人才能够适应社会的不断变化，为产业升级和经济发展做出积极贡献。高职教育在教学模式创新中，应加强学生的创新能力和创新思维培养，鼓励学生参与科研项目和创新实践活动，使学生在实践中形成创新意识和创新能力，为社会输送具有创新能力的技能型人才。

（三）提升高职教育的社会地位

高职教学模式创新能够提升高职教育的社会地位。通过与企业紧密合作，加强产学研一体化，高职教育能够更好地满足社会和行业的需求，为企业输送合格的技能型人才。这将有助于提高高职教育在社会中的认可度和影响力，吸引更多优秀的学生投身高职教育。高职教育需要不断加强与企业和行业的合作，建立更加紧密的校企合作关系，共同探讨人才培养方案，提升人才培养质量，增强高职教育的社会影响力。

（四）增强高职教育的国际竞争力

随着全球化的深入发展，高职教育面临着与世界各国的教育交流与合作。

高职教学模式创新有助于提高我国高职教育的国际竞争力，使其更好地融入国际教育体系，参与国际教育合作与交流。通过学习和借鉴国际先进的教育理念和教学方法，我国高职教育能够不断完善和发展，为国家培养更多具有国际视野和国际竞争力的技能型人才。此外，高职教育还需加强与国际教育机构的合作，引进国际优质教育资源，提升教师队伍的国际化水平，进一步推动高职教育的国际化进程。

（五）推动教育改革和发展

高职教学模式创新是高职教育改革和发展的重要推动力。通过不断的探索和实践，高职教育能够发现新的教育理念和教学方法，为教育改革提供有益的经验和启示。同时，高职教学模式创新也有利于教育部门制定更加科学合理的政策和规划，促进教育事业的全面发展。在高职教育改革中，政府、学校、企业和社会应共同发挥作用，构建多元化的教育投入和支持体系，推动高职教育改革向纵深发展。此外，高职教育还需完善教育评价体系，关注学生的全面发展，为高职教育改革提供科学的评价依据。

四、高职教学模式创新的具体策略

高职教育作为我国技能型人才培养的重要阵地，需不断进行教学模式创新，以提升教育质量和社会地位。通过实施工学结合模式、产学研融合模式以及混合式教学模式等创新策略，高职教育能够更好地培养适应社会发展需求的技能型人才，提高高职教育的教学质量，满足行业和企业的人才需求，促进国家经济和社会的持续发展（见图4-7）。

（一）工学结合模式

工学结合模式是一种以实践教学为核心，强调理论与实践相结合的高职教学模式。这种模式致力于培养学生的实际操作能力和技能，以适应社会和行业对技能型人才的需求。在工学结合模式中，学生可以在实际工作环境中学习和运用专业知识与技能，提高实践能力和就业竞争力。以下进行详细阐述。

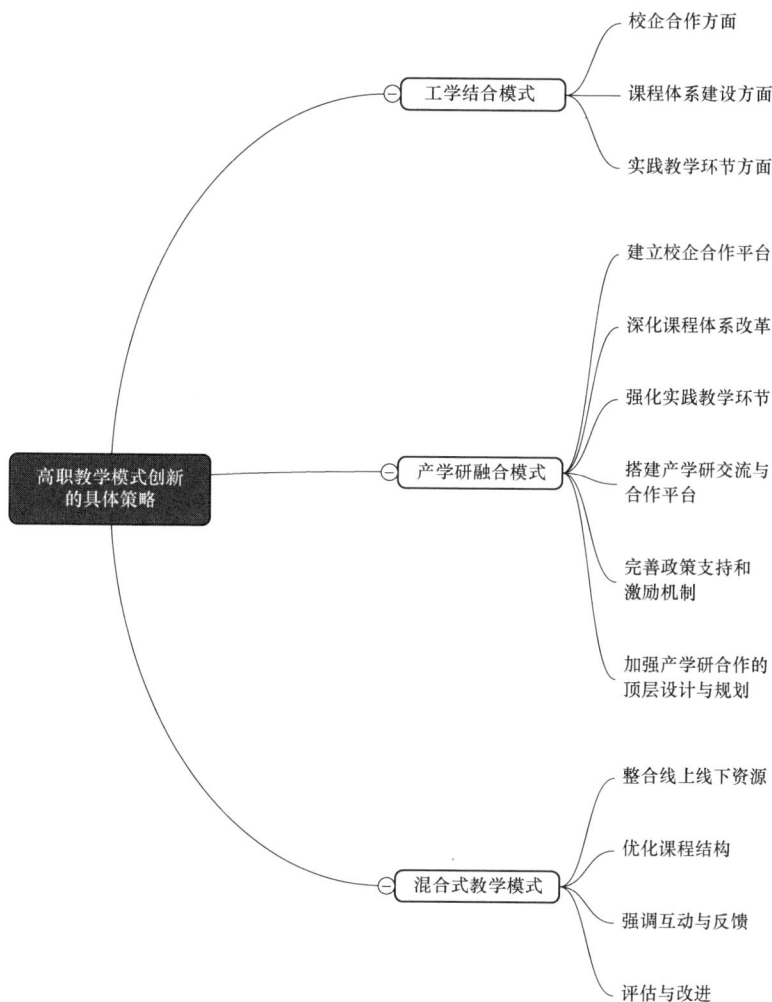

图4-7　高职教学模式创新的具体策略

1. 校企合作方面

校企合作是工学结合模式的基石。高职院校与企业、行业合作，共同制定人才培养方案，确定课程体系和实训内容，确保教育教学与产业发展的紧密结合。通过校企合作，企业可以提供实习岗位、实训基地和专业导师，为学生提供实践操作的机会。同时，企业可以参与教学过程，分享行业经验和技术动态，提高学生的专业素养。

2. 课程体系建设方面

在工学结合模式下，课程体系建设需要注重理论与实践的结合。理论教学应围绕专业知识和技能展开，使学生在掌握基本理论的基础上，能够运用所学知识解决实际问题。实践教学应着重培养学生的动手能力、创新能力和团队协作能力，使学生在实际操作中不断巩固和拓展专业知识。课程体系建设还应充分利用校企合作的优势，将企业实际项目与课程教学相结合，使学生在完成课程任务的同时，能够解决实际工作中遇到的问题。此外，课程体系建设还应关注新技术、新产业的发展，及时更新教学内容，以适应行业发展的需要。

3. 实践教学环节方面

实践教学环节是工学结合模式的核心。在实践教学环节中，学生需要在实际工作场景中完成操作任务，培养实际工作能力。实践教学环节通常包括校内实训、企业实习和毕业实习等。

（1）校内实训：学生在校内实训基地进行实践操作，掌握专业技能。实训基地应模拟实际工作环境，配备专业设备和资源，使学生在安全、无风险的环境下进行实践操作。教师和企业导师共同指导学生，确保学生在实训过程中能够将所学理论知识与实际操作相结合。

（2）企业实习：学生在企业进行实习，接触实际生产和经营过程，了解行业现状和发展趋势。企业实习有助于学生将所学专业知识应用于实际工作中，培养实际工作能力和团队协作能力。在企业实习过程中，企业导师的指导和评价对学生的专业成长具有重要意义。

（3）毕业实习：毕业实习是学生在高职学习阶段的最后一个实践环节，也是检验学生实际操作能力的重要手段。毕业实习通常要求学生在企业完成一个实际项目或任务，展示其综合素质和能力。通过毕业实习，学生可以巩固所学专业知识和技能，提高自身就业竞争力。

（二）产学研融合模式

产学研融合模式是一种将产业、学术和研究相结合的教学模式，旨在提高高职教育质量，培养具备创新精神和实践能力的高素质人才。产学研融合模式要求高职院校与企业、科研机构密切合作，共同开展教学、科研和人才培养工作，实现资源共享、优势互补。产学研融合模式强调产业界、高职院校和研究机构之间的紧密合作，推动技术创新和人才培养。产业界提供实际问题和需求，高职院校提供理论基础和人才支持，研究机构提供科研成果和技术转化。通过产学研融合，可以实现提高高校教育质量，培养具备创新精神和实践能力的高素质人才，实现资源共享和优势互补，促进各方共同发展的目的。为了有效实施产学研融合模式，需要采取一系列策略和措施。

1. 建立校企合作平台

校企合作是产学研融合的重要基础，高职院校与企业和科研机构之间的紧密合作，有助于实现资源共享和优势互补。建立校企合作平台，可以通过签订合作协议、设立产学研基地、共建实验室等形式，促进双方在人才培养、课程设置、实践教学、科研项目等方面的深入合作。首先，高职院校需要积极寻求与企业、科研机构的合作机会，建立长期稳定的合作关系。这样可以使高职院校的教学内容、教学方法与实际产业需求更加紧密地结合，更好地满足社会和行业对人才的需求。同时，企业、科研机构可以充分利用高校的人才、技术和设备资源，提高自身的创新能力和竞争力；其次，高职院校应与企业、科研机构共同制定人才培养方案，确保培养出的人才能够满足产业发展的需求。此外，还要共同开展科研项目，将科研成果应用于实际产业，推动产业技术进步和产业结构升级。

2. 深化课程体系改革

产学研融合模式要求高职院校的课程体系更加贴近实际产业需求和技

术发展。为此，高职院校应调整教学内容，关注新技术、新产业的发展，及时更新教学内容。同时，应采用创新的教学方法，如项目式教学、翻转课堂等，培养学生的创新能力和实践能力。在课程体系改革中，高职院校应结合企业和科研机构的需求，对现有课程进行审查和调整。课程设置应兼顾理论与实践，注重专业知识与技能的培养。此外，还应加强素质教育，培养学生的团队协作、沟通表达、创新思维等综合素质。在教学方法改革方面，高职院校应注重理论与实践相结合，引入创新教学方法。例如，项目式教学可以让学生在实际项目中锻炼和应用所学知识，培养实际工作能力。翻转课堂可以激发学生的学习兴趣和主动性，提高学习效果。此外，高职院校还可以利用在线教育资源，拓展学生的学习渠道，为学生提供更多的学习选择。

3. 强化实践教学环节

实践教学是产学研融合模式的核心，高校应加大对实践教学环节的投入和支持，提高实践教学的质量和水平。具体措施包括建立校内实训基地和实验室，开展校企合作实习项目，以及鼓励学生参加各类科研项目和技术竞赛。

建立校内实训基地和实验室，可以为学生提供实际操作和实验条件，增强学生的实践能力。高职院校应与企业、科研机构共同投入资源，打造高质量的实训基地和实验室，以满足不同专业学生的实践需求。积极开展校企合作实习项目，让学生在企业中亲身参与实际工作，培养学生的实际工作能力和团队协作能力。高职院校应与合作企业共同制订实习计划、实习内容和实习考核标准，确保实习项目的质量和效果。鼓励学生参加各类科研项目和技术竞赛，提高学生的创新能力和解决实际问题的能力。高职院校应为学生提供科研项目和竞赛信息，指导学生进行科研项目申报和竞赛准备。同时，要为学生提供必要的技术支持和资源保障，确保科研项目和竞赛的顺利进行。

4. 搭建产学研交流与合作平台

为了促进产学研之间的交流与合作，高职院校应该搭建一个有效的平台，定期举办各类研讨会、座谈会和交流活动。这样可以让企业、学校和研究机构之间的人员更加了解彼此的需求、成果和发展方向，加强双方在科研、技术转移和人才培养方面的合作。此外，还可以通过定期发布产学研动态、成果展示、案例分享等，激发合作伙伴的创新热情和参与积极性。

5. 完善政策支持和激励机制

政府和有关部门应制定一系列政策支持措施，鼓励高职院校与企业、科研机构开展产学研合作。政策支持可以包括资金扶持、税收优惠、项目申报优先等，降低合作的门槛和成本。同时，要建立健全评价和激励机制，对在产学研合作中取得显著成果的高职院校、企业和科研机构给予表彰和奖励。此外，还应完善人才培养政策，鼓励高校、企业和科研机构为实习生、毕业生提供更多的实践机会和发展空间。

6. 加强产学研合作的顶层设计与规划

产学研合作的顶层设计与规划是实现合作目标的重要保障。高职院校、企业和科研机构应共同制定合作战略和发展规划，明确各方的职责和任务。在合作过程中，要建立健全协调机制，确保各方利益的平衡和合作项目的顺利推进。同时，还要定期对合作项目进行评估和总结，发现问题、解决问题，确保合作成果的最大化。

（三）混合式教学模式

混合式教学模式是一种将传统面授教学与现代信息技术相结合的教学方式。它综合了面授教学和网络教学的优点，充分利用信息技术手段，提高教学效果和学生的学习兴趣。在高职教育领域，混合式教学模式已经成为一种重要的教学模式，对于提高教学质量和培养高素质应用型人才具有重要意义。

1. 混合式教学模式的特点

高职混合式教学模式具有灵活性、互动性、个性化、实践性的鲜明特点。具体如下：

（1）灵活性。混合式教学模式充分利用线上和线下资源，为学生提供了更多的学习选择。学生可以根据自己的需求和时间安排，选择在线学习或者面授课程，提高学习效率。

（2）互动性。混合式教学模式强调师生、生生之间的互动。教师可以通过在线平台实时了解学生的学习进度，及时调整教学内容和方法。学生之间可以通过线上讨论、协作学习等方式，提高学习兴趣和主动性。

（3）个性化。混合式教学模式关注学生的个性化需求。教师可以根据学生的学习特点和需求，提供个性化的教学资源和指导。学生可以根据自己的兴趣和能力，选择合适的学习路径和速度。

（4）实践性。混合式教学模式注重学生的实践能力培养。通过项目式教学、案例分析等方式，让学生在实际操作中学习和运用专业知识和技能，提高实践能力。

2. 混合式教学模式的实施策略

混合式教学模式具有很多优点，它充分利用信息技术手段，结合线上和线下资源，为学生提供了丰富的学习选择。通过灵活、互动、个性化和实践性的教学方法，混合式教学模式有助于提高学生的学习兴趣和主动性，培养学生的实际能力和创新精神。混合式教学模式的具体实施策略如下：

（1）整合线上线下资源。在混合式教学模式中，线上线下资源的整合是关键。教师应充分利用互联网技术，获取各种教学资源，包括课件、教学视频、在线测试等。这些资源可以帮助学生扩展知识面，提高自主学习能力。此外，线下教学资源如实体教材、案例分析、实验设备等，也应与线上资源相互补充，以实现教学效果的最大化。

（2）优化课程结构。混合式教学模式还需要优化课程结构，以确保线上线下教学的有效衔接。教师应根据课程目标和学生需求，合理安排线上线下教学内容。线上教学可以重点讲解基本理论和知识框架，而线下教学则可以侧重实践操作和技能培养。同时，教师应关注各教学环节之间的互补性，确保教学内容的连贯性和完整性。

（3）强调互动与反馈。混合式教学模式强调师生、生生之间的互动与反馈。教师应利用在线平台，实时关注学生的学习进度和问题，及时给予指导和帮助。学生之间可以通过线上讨论、协作学习等方式，分享经验和解决问题。为了增强师生、生生之间的面对面交流，教师还可以定期组织线下研讨、座谈等活动。

（4）评估与改进。评估与改进是混合式教学模式的重要组成部分。教师应关注教学效果，通过在线测试、作业评价、学生反馈等方式，了解学生的学习效果和需求。根据评估结果，教师应调整教学内容、方法和策略，以提高教学质量。

第三节　高职教学方法的创新

随着社会发展和产业结构的升级，高职教育正逐渐成为培养实用型人才的重要途径。为适应这一趋势，高职教学方法也需要不断创新，更好地培养学生的实践能力、创新意识和团队协作精神。以下几种创新教学方法在高职教育中具有较好的应用前景。

一、合作学习教学法

合作学习教学主张尊重学生的人格和个性发展，通过老师与学生、学生与学生之间通力合作，以小组学习为主要手段来实现教学目的和人才培养目标的教学模式。合作教学模式是在教学理论与实践活动的开展中逐步形成并发展完善起来的，是指在教师的指导和学生的参与下，创设一种环境，使学生通过个人的努力或与同伴进行合作学习，克服困难，完成任务，促进学生交流与协作意识双重发展的一种教学形式。合作学习教学一般通过小组合作学习的基本形式来进行，充分利用教学动态因素之间的互动，在教师的指导和调控下，学生之间相互合作、相互帮助开展合作学习，促进教学目标和人才培养目标达成的教学活动。高职教学中合作教学方法的运用能够促进学生主动学习和自主发展，有利于充分发挥学生的主体作用，培养学生的竞争意识、团队意识和创造性思维，通过小组成员之间的协作，使个体差异在集体教学中发挥积极作用。高职教学中合作学习教学法的具体实施如下（见图4-8）。

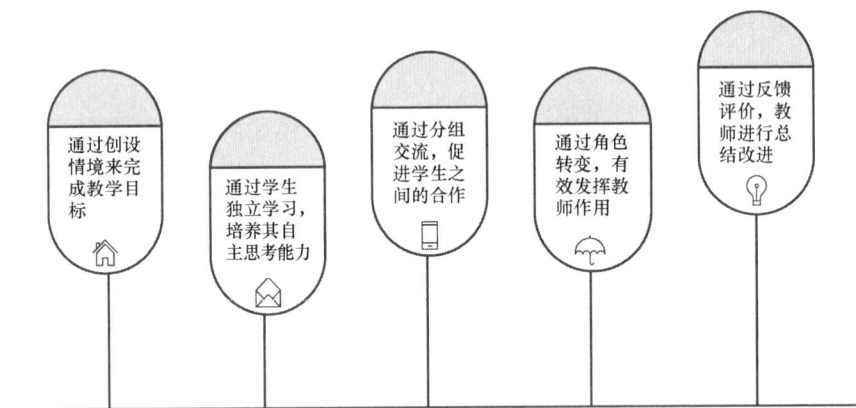

图4-8　合作学习教学法的具体实施

（一）通过创设情境来完成教学目标

通过创设情境，教师可以为学生提供一个富有挑战性和吸引力的学习环境。在这个环境中，学生可以亲身体验和参与实际操作，从而加深对专业技能和知识的理解。情境的设置可以激发学生的学习兴趣和积极性，使他们更加主动地投入到学习中，从而有效培养学生的合作意识，更科学合理地完成高职教学目标。

（二）通过学生独立学习，培养其自主思考能力

合作学习教学的开展是以学生的独立学习为基础的，只有个体具备独立

学习的能力，才能促进合作学习教学的有效开展。教师在教学中要留给学生独立思考和学习的自由空间，允许学生根据自己的能力水平、个性特点，自主地、能动地、自由地、有目的地进行独立思考，自主尝试解决问题，突出个性化学习，真正确立学生的主体地位。

（三）通过分组交流，促进学生之间的合作

通过独立学习阶段的自主思考，每个学生都构建了自己对事物的不同理解，再通过分组交流的方式，能够促进学生之间的合作，增强学生的团队合作意识和学习能力。通过分组交流的形式，小组成员对问题各抒己见，互相补充、互相启发，加深了每个学生对当前问题的理解；每个组员不仅自己要主动学习，还有责任帮助其他同学学习，互教互学，共同提高；在小组讨论的基础上进行全班交流，各组代表汇报本组合作讨论的初步成果，通过不同观点的交锋、补充、修正，达成共识、共享、共进，使每个学生体会到合作的力量，并在合作中增强交往能力。

（四）通过角色转变，有效发挥教师作用

在合作学习教学中，教师的角色发生了转变，由原来的传授者和训导者转变为学生学习的激励者、帮助者和合作者，这是合作学习教学取得成功的重要因素。在教学活动开展过程中，对于学生的积极行为和创造性思维，教师要发挥激励者的角色，给予充分鼓励和肯定；在学生出现观点错误和思维受到限制时，教师要及时给予必要的纠正和提示，发挥帮助者的角色功能；当学生受到认知水平的限制不能很好完成教学任务时，教师要一起参与进来，与学生共同研究，一起解决问题，发挥合作者的角色功能。

（五）通过反馈评价，教师进行总结改进

合作学习教学法中，教师对反馈和评价要善于进行归纳和总结。这样做一方面有利于学生了解自己的学习成果，明白自己与目标要求存在的距离，

从而激发学生的求知欲；另一方面反馈评价对学生在合作学习中的表现作出评价性的总结，评价的对象以小组为单位，评价的内容主要是合作小组的学习态度、学习方法、学习能力、学习效果等，要注意发挥评价的正面导向作用，对协作良好的小组予以表扬，教师对学生的见解给予分析、反馈，促使学生改善学习。总结合作成功的经验和不足，分析存在的问题及原因，并进行讨论，提出改进建议，使学生学会更好地合作。

二、任务驱动教学法

任务驱动教学法指的是在课堂教学，学生在教师的引导下，紧紧围绕一个共同感兴趣的任务,在强烈地想要完成任务的动机驱动下,通过主动应用教材、网络、学案等相关学习资源，进行自主探索和协作学习，寻求一定的方法和途径完成既定任务的同时，对所学的知识进行建构，培养创新意识和创新能力，提高解决问题的能力和自主学习的能力。任务驱动教学法是以建构主义学习理论为指导的，强调教师的主导地位和学生的主体地位，注重学生分析问题和解决问题能力的培养，高职教学中任务驱动教学法的具体实施如下（见图4-9）。

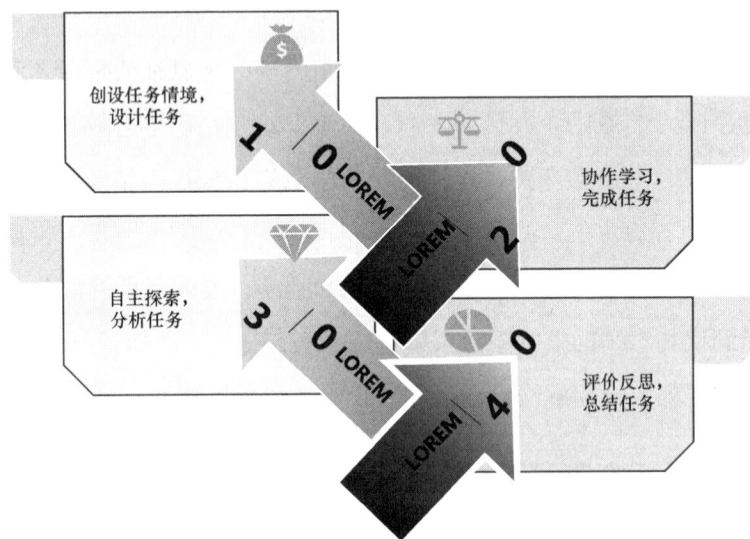

创设任务情境，设计任务

1 / 0 LOREM

协作学习，完成任务

0

2

LOREM

自主探索，分析任务

3 / 0 LOREM

评价反思，总结任务

0

4

LOREM

图 4-9　任务驱动教学法的具体实施

（一）创设任务情境，设计任务

高职教学中任务驱动教学的实施首先需要教师结合教学的相关主题来创设真实、开放的任务情境，情境的创设在任务驱动教学法中具有重要的意义，它对教学效果具有直接影响，恰当的情境创设能够调动学生对学习的积极性和主动性，激发学生丰富的联想，唤起学生原有认知结构中有关的知识、经验及表象，从而使学生利用这些知识、经验及表象去"同化"或"顺应"所学新知识，发展自身能力。

（二）自主探索，分析任务

在任务驱动教学法的实施过程中，教师要引导学生逐步形成自主学习的能力，针对教学活动中的所设计的任务，要为学生完成任务提供各种认知工具、学习资料等有关线索。通过学生对任务进行深入的分析，不同观点的交锋和思想的碰撞，加深对任务解决方案的探索。

（三）协作学习，完成任务

通过对任务的分析和深入探索，教师要引导学生形成自己的观点和解决问题的思路、方法，通过学生对任务的自主探索，形成自己的观点。再经过学生之间的交流和探讨，对观点的修正和补充，形成解决问题、完成任务的方案。

（四）评价反思，总结任务

在任务驱动式教学法的实施过程中，完成了任务并不等于完成了知识意义的建构，还必须对学习效果进行评价。恰当的评价可以对学生的发展产生导向和激励作用。在实施任务驱动式教学模式时，教师要认识到，对学习过程进行评价的目的并非区分学生的资质和优劣，而是促进学生的发展，为学生找到自己能力的增长点，从而帮助学生更好地改进学习，促进高职教学目标的达成。

三、讨论式教学法

讨论式教学法是一种以学生为主体，教师为引导者的教学方法。它通过激发学生的学习兴趣、培养其批判性思维和团队协作能力，以达到教学目的和人才培养目标。讨论式教学法在高职教育中具有较好的应用前景，因为它能够培养学生解决实际问题的能力和创新精神，有助于提高学生的实践能力和就业竞争力。在讨论式教学过程中，教师首先提出问题或主题，引导学生展开讨论。学生需要自主地查找资料、分析问题，形成自己的观点，并在讨论中与同学们互动交流，以达到共同认识和解决问题的目的。讨论式教学法强调教师在教学过程中的引导作用，要求教师善于激发学生的思考，帮助学生找到问题的解决方案。讨论式教学法在高职教学中具有较好的应用前景，因为它能够培养学生解决实际问题的能力和创新精神，有助于提高学生的实践能力和就业竞争力。为了使讨论式教学法在高职教学中发挥更大的作用，具体实施的策略如图 4-10。

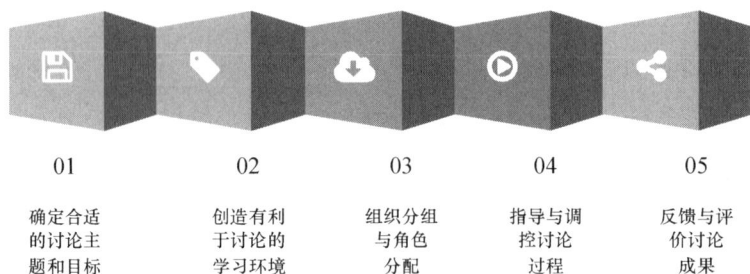

01	02	03	04	05
确定合适的讨论主题和目标	创造有利于讨论的学习环境	组织分组与角色分配	指导与调控讨论过程	反馈与评价讨论成果

图 4-10　讨论式教学法的具体实施

（一）确定合适的讨论主题与目标

在讨论式教学中，选择合适的讨论主题和明确讨论目标至关重要。教师需充分了解学生的兴趣、特点和需求，选择有实际意义且与课程目标相符的主题。这样的主题能够激发学生的积极性，使他们更愿意参与讨论。同时，教师还应设定明确的讨论目标，确保讨论的内容符合课程教学目标和实际工作需求，从而提高讨论的效果。在确定讨论主题和目标时，教师要注意保持一定的灵活性，随时调整讨论内容，以适应学生的需求和教学进程。

（二）创造有利于讨论的学习环境

为了使讨论式教学取得更好的效果，教师需要为学生营造一个自由、民主、平等的讨论氛围。在这样的氛围中，学生能够充分表达自己的观点，提高思考和沟通能力。此外，教师还应根据讨论主题设置合适的场景和情境，使学生能够更好地投入讨论，提高讨论效果。为了营造有利于讨论的学习环境，教师可以采取如下措施：合理布置教室，使之符合讨论活动的需求；利用多媒体等教学手段，帮助学生更好地理解讨论主题；设置有启发性的问题，引导学生深入思考。

（三）组织分组与角色分配

在讨论式教学中，教师要根据学生的特点和需求进行分组，使每个小组具有一定的层次性和多样性。这有助于激发学生的思维碰撞和互补，提高讨论效果。同时，教师需根据讨论主题为学生分配不同的角色，如辩论者、观察者、记录员等。通过角色分配，学生可以从不同的角度和立场进行讨论，增强讨论的全面性和深度。

（四）指导与调控讨论过程

在讨论过程中，教师要充分发挥引导者和调控者的作用。首先，教师需要引导学生遵循讨论的程序和规则，提出有深度和广度的问题，激发学生深入思考；其次，教师要关注讨论的节奏和氛围，适时进行调控，确保讨论的效果。在指导与调控过程中，教师要善于运用提问、启发、引导等手段，帮助学生理清思路，扩展思维。同时，教师还要注意学生在讨论中可能出现的问题，如跑题、争论过激等，及时进行纠正和引导。

（五）反馈与评价讨论成果

讨论结束后，教师需要对讨论过程和结果进行总结和评价。首先，教师应强调讨论的亮点，如学生在讨论中提出的有创意的观点、解决问题的策略等，以提高学生的自信心和参与热情；其次，教师要指出讨论中需要改进的地方，如思考不够深入、观点不够全面等，引导学生进行深入反思。此外，教师还需对学生的表现进行评价，激励他们在今后的学习和工作中继续发挥讨论的优势，提高问题解决能力。

四、分层教学法

分层教学法是指按照学生的学习基础和学习条件进行不同层次的分类，努力创设良好因材施教、分层指导的教学方法。具体来说，分层教学法就是针对不同的学生进行教学对象的分层、教学目标的分层、教学内容的分层、课堂提问的分层、教学方法的分层、教学评价的分层等，最终目的是使全体学生都能够在自己的学习能力范围内掌握尽可能多的知识，培养独立思考问题和解决问题的能力。分层教学法能够改变传统较为单一的班级授课模式，突破了传统教学要求、教学目标、教学任务整齐划一的限制，更有助于学生进行因材施教，促进学生的成长和发展。高职教学分层教学法的具体实施如下（见图 4-11）。

图 4-11　分层教学法的具体实施

（一）对学生的分层

在分层教学法的实施中，学生是教学对象的主体，教师要充分尊重学生的主体性，最大限度调动学生学习的积极性和主动性，使每一位学生都能够成为课堂的主人，做到主动学习、主动思考。教师要对学生各方面的情况进行综合分析，在综合分析的基础上结合学生学习能力的不同进行科学的分层。

（二）对教学目标的分层

教学活动的进行就是为了实现教学目标，不同的学生学习的目标也是不一样的，所以需要根据不同层次的学生进行教学目标的分层。并且不同层次的教学目标是动态发展的状态，需要根据学生的成长和发展，进行恰当的调整，如达成第一层目标的学生会有早有晚，这时已达成目标的学生就可以进入第二层目标阶段进行深入学习，教师则专注于剩余学生进行个别化教学和辅导，以便其能够追赶进度并获得发展。

（三）对教学内容的分层

在分层教学法的实施中，可以根据不同学生的实际情况、学习能力等，对教学内容进行规划和分层，以便形成针对性传授，更有利于激发学生的学习兴趣并生成学习动机。分层设置教学内容能够推动学生在兴趣和拥有学习动力的基础上进行内容的学习，从而更容易形成自主学习和提升的习惯。

（四）对课堂提问的分层

课堂提问能够促进师生之间的互动和信息交换，通过课堂提问教师能够帮助学生快速了解到课堂教学中的不足，从而有针对性地对学生进一步开展指导，以便学生更快掌握智能制造方面的知识和技巧。为了能够激发学生的学习兴趣，教师应该鼓励所有学生都能够积极参与到课堂教学中来，充分营造和谐的课堂教学氛围，使课堂充满生机。

（五）对教学方法的分层

对于基础较弱，学习积极性高的学生，主要以激发他们的学习兴趣为主，应该降低教学难度，培养他们学好的自信心。对于基础较好，且爱好合唱指挥学习的学生更多的是教给他们学习的方法，训练的技巧，以帮助他们在最短的时间内学到最多的东西，提高教学效率。

（六）对教学评价的分层

教学评价的分层主要是针对学生进行其学习效果和学习水平的评价分层。教学评价分层的目的是挖掘学生的学习潜力，辅助学生正确认识自身，帮助教师更好地规划教学活动，以便实现因材施教和学生全面发展。

五、情境教学法

情境教学法是一种在特定情境下进行的教学方法，旨在通过模拟实际工作环境、情景和任务，激发学生的兴趣，培养其实际操作能力、问题解决能力和团队协作能力。在高职教学中，情境教学法具有重要的意义，有助于提高教学质量，培养应用型人才。本文将对高职教学中情境教学法的应用进行详细论述。情境教学法的理论基础主要包括两个方面：构建主义学习理论和情境认知理论。构建主义学习理论认为，学习是一个主动的、自主的、寻求意义的过程，学生通过与现实环境的互动，将新知识构建到已有的知识结构中。情境教学法正是基于这一理论，通过创设真实的工作情境，让学生在实际操作中获取知识、技能和经验，实现知识的内化。情境认知理论强调，知识和技能是在特定情境下发展起来的，情境对知识的获取、应用和转化具有重要影响。基于这一理论，情境教学法要求教师充分考虑教学内容和实际工作环境的关联性，设计符合实际需求的教学情境，帮助学生将知识和技能有效地转化为实际操作能力。

（一）情境教学法的特点

情境教学法具有以下几个特点（如图 4-12）。

01	02	03	04
以实际工作 为导向	注重学生的 主体地位	强调实践操作与 理论知识的结合	强调团队协作和 沟通能力的培养

图 4-12　情境教学法的特点

1. 以实际工作为导向

情境教学法强调将教学内容与实际工作需求紧密结合，使学生在学习过程中充分体验实际工作环境，培养其适应工作的能力。

2. 注重学生的主体地位

情境教学法鼓励学生在真实情境中主动参与、探究和解决问题，充分发挥其主体作用，实现知识的自主构建。

3. 强调实践操作与理论知识的结合

情境教学法要求教师在设计教学情境时，既要注重实践操作的培训，也要关注理论知识的学习，使学生在实践中不断深化对理论知识的理解。

4. 强调团队协作与沟通能力的培养

情境教学法鼓励学生通过团队合作解决实际问题，培养其团队协作精神和沟通能力，这对于高职学生在未来职场中取得成功具有重要意义。

（二）高职教学中情境教学法的实施策略

在高职教育中，情境教学法可以提高学生的实践能力、创新能力和团队协作能力。以下是情境教学法的实施策略（如图4-13）。

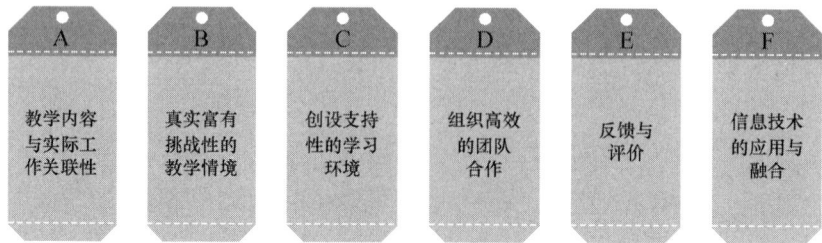

A	B	C	D	E	F
教学内容与实际工作关联性	真实富有挑战性的教学情境	创设支持性的学习环境	组织高效的团队合作	反馈与评价	信息技术的应用与融合

图4-13　情境教学法的实施策略

1. 教学内容与实际工作关联性

在设计情境教学活动时，教师需明确教学内容与实际工作的关联性，使学生能够将所学知识应用于实际工作中。通过这种方式，学生能够更好地理解所学知识，增强其实际应用能力。此外，教师需要关注行业发展动态，以便及时更新教学内容，为学生提供最新的信息和技能。

2. 真实富有挑战性的教学情境

教师应根据教学目标设计富有挑战性的情境，以激发学生的学习兴趣和积极性。这可以通过模拟实际工作场景、案例分析或者角色扮演等方式实现。同时，教师要关注情境的逼真程度，确保学生能够充分体验实际工作环境。

3. 创设支持性的学习环境

为帮助学生顺利完成情境教学任务，教师需要为学生提供必要的教学资源和辅导支持。这包括提供教材、参考资料、实验器材等物质资源，以及提供指导、答疑、督促等教学服务。此外，教师还要营造宽松、民主、平等的学习氛围，鼓励学生积极参与，充分发挥主体作用。

4. 组织高效的团队合作

在情境教学中，团队合作对提高学习效果至关重要。教师要根据学生的特点和需求进行分组，确保每个小组具有一定的层次性和多样性。同时，教师要指导学生明确团队目标，分工合作，充分发挥各自优势，共同完成情境教学任务。

5. 反馈与评价

教师需要对学生在情境教学过程中的表现进行及时、有效的反馈和评价，关注学生的学习进步，激励他们继续努力。反馈和评价的形式可以包括口头评价、书面评价、小组评价、自我评价等，内容可以涵盖学生的知识掌握、技能运用、情感态度、团队协作等方面。通过多元化的评价方式，教师可以全面了解学生的学习状况，为他们提供个性化的指导和支持。

6. 信息技术的应用与融合

随着信息技术的不断发展，教师可以将其应用于情境教学的设计和实施过程中。例如，通过多媒体教学、在线课程、虚拟实验等形式，丰富教学手段，提高教学质量。同时，教师要关注学生的信息素养，引导他们合理利用信息技术，培养他们的自主学习能力和创新意识。

第四节　高职教学信息化的发展

随着信息技术的快速发展，高职教学也逐步向着信息化方向发展。高职教育是我国高等教育中的一个重要组成部分，其教学信息化的发展与推广对于高职教学管理具有十分重要的意义。下面围绕教学信息化基础设施建设、教学资源数字化、信息化教学与管理平台建设、智慧教学与大数据应用和教学信息化人才队伍建设等五个方面进行详细阐述。

一、教学信息化基础设施建设

教学信息化基础设施是教学信息化的基础和支撑，它包括硬件、软件、网络和安全保障等方面。在高职教学信息化的发展中，教学信息化基础设施建设是首先需要考虑和解决的问题。具体来说，高职教学信息化基础设施建设需要从以下几个方面着手（如图 4-14）。

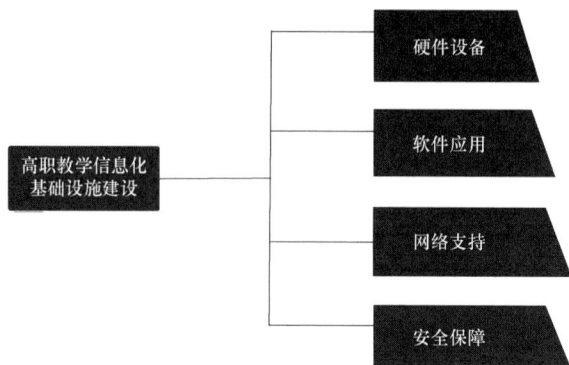

图 4-14　高职教学信息化基础设施建设

（一）硬件设备

硬件设备是教学信息化基础设施建设的重要组成部分，包括计算机、服务器、多媒体设备等。这些硬件设备需要满足教学信息化的需求，同时还需要满足学生、教师和管理人员的实际需求。教学信息化需要大量的计算机、服务器等设备，需要满足设备的稳定性、性能、容量等方面的要求。多媒体设备的应用也需要考虑到设备的灵活性、易用性、效果等因素。此外，硬件设备的选择和配置需要考虑到实际需求和经济效益，要做到合理和可持续的投入。

（二）软件应用

软件应用是教学信息化基础设施建设的另一个重要组成部分。高职教学信息化需要教育教学软件和应用软件等来满足教学需求。教育教学软件包括学习管理系统、教务管理系统、在线作业系统等，应用软件包括多媒体制作软件、图像处理软件、办公软件等。软件应用的选择和使用需要考虑到教学需求、功能、易用性、安全性等方面的要求。同时，软件应用的更新和维护也需要得到保障，以保证软件的正常使用和运行。

（三）网络支持

网络是教学信息化的重要支撑，它为教学信息化提供了高速、稳定、安全的网络支持。高职教学信息化需要建设高速、安全、稳定的网络环境，以满足不同的教学需求。网络支持需要考虑到带宽、网络架构、网络安全等方面的要求，需要提供可靠的网络服务和技术支持，以保证教学信息化的顺畅运行。

（四）安全保障

教学信息化的安全保障是教学信息化基础设施建设的另一个重要组成部分。教学信息化需要加强对于教学信息的保护和安全，防止信息泄露和网络攻击。安全保障需要考虑到硬件设备、软件应用和网络支持等多个方面，需要采取措施来确保教学信息的安全和保密。例如，加强网络安全防护、加密传输教学信息、备份教学信息、加强账号密码管理等。

此外，教学信息化基础设施建设还需要考虑到设备维护和更新，以及人员的专业知识和技术培训等方面。只有通过全面、系统、科学的基础设施建设，才能更好地支撑高职教学信息化的发展。

二、教学资源数字化

教学资源是高职教学信息化的重要组成部分，数字化教学资源的开发和应用是提高教学质量和效率的重要手段。在高职教学信息化的发展中，教学资源数字化是不可或缺的一部分。数字化教学资源是指将传统的教学资源，如教材、课件、实验指导书等，通过数字化技术手段转换成数字化的信息资源。数字化教学资源的开发和应用可以有效地促进教学内容的丰富和多样化，满足学生的学习需求和教师的教学需求。在数字化教学资源的开发和应用中，需要关注以下几个方面。

（一）数字化教学资源的开发

数字化教学资源的开发需要根据教学需求和教学目标，选择适合的开发工具和技术，将教学资源开发成数字化的信息资源。数字化教学资源的开发可以采用多种方式,例如利用多媒体制作软件、图像处理软件等制作教学课件、教学视频、虚拟实验等数字化教学资源。开发数字化教学资源需要注重实用性、创新性和科学性,以满足学生的学习需求和教师的教学需求。

(二)数字化教学资源的应用

数字化教学资源的应用是指将数字化教学资源与教学内容和教学模式相结合,实现更高效、多样化的教学。数字化教学资源的应用需要遵循以下原则:

1. 教学资源的整合和利用

数字化教学资源的应用需要将各种教学资源整合和利用,以实现教学的丰富和多样化。

2. 教学模式的创新和变革

数字化教学资源的应用需要创新教学模式,采用多种教学方法,如探究式教学、项目式教学等,提高学生的学习兴趣和主动性。

3. 学生个性化学习的支持

数字化教学资源的应用需要支持学生个性化学习,以满足不同学生的学习需求,如提供不同的学习路径、学习内容等。

(三)数字化教学资源的评估

数字化教学资源的评估是数字化教学资源开发和应用的重要环节。教学资源的评估需要对数字化教学资源的科学性、实用性、创新性进行评估,以保证教学资源的质量。教学资源评估需要参考教学目标、教学内容和教学效果等因素,采用多种评估方法,如专家评估、用户评估等。数字化教学资源的评估可以不断优化和完善教学资源,提高教学质量和效率。

（四）数字化教学资源的版权保护

数字化教学资源的版权保护是数字化教学资源开发和应用的重要问题。数字化教学资源的版权问题涉及知识产权的保护和利益分配等方面。为了避免侵犯他人的知识产权，需要加强对于数字化教学资源的版权保护和管理。可以采用版权保护技术、版权保护法律法规等手段，保护数字化教学资源的知识产权，维护数字化教学资源的合法权益。

三、信息化教学与管理平台建设

信息化教学与管理平台是指将教学和管理各个方面的信息进行整合和管理的一种平台，旨在提高教学和管理的效率和质量。在高职教学信息化的发展中，信息化教学与管理平台建设是必不可少的一部分。高职信息化教学与管理平台建设需要考虑到以下几个方面（如图 4-15）。

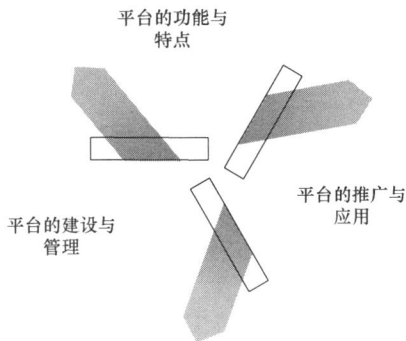

平台的功能与特点

平台的建设与管理

平台的推广与应用

图 4-15 信息化教学与管理平台建设

（一）平台的功能与特点

教学与管理平台的功能和特点是其建设中需要考虑到的重要因素。在建设信息化教学与管理平台时，首先需要根据教学和管理的需求，确定平台所需的功能和特点。平台的功能需要满足多种教学方式的需求，例如支持在线教学、混合式教学等；同时，平台的功能还需要支持学生个性化学习的需求，例如，提供个性化的学习计划和评价机制等。此外，平台的功能还需要包括教师教学和管理的需求，例如提供课程管理、学生管理、考试管理等功能。平台的特点包括平台的开放性、互动性、可视化、个性化、智能化等。平台的开放性需要支持多种数据格式和信息共享，以方便教师和学生之间的信息交流和共享。平台的互动性需要支持多种教学方式的需求，例如讨论、互动式学习等，以增强学生的学习参与度。平台的可视化需要提供多媒体、动画、实验等辅助教学工具，以便于学生理解和掌握课程内容。平台的个性化需要提供个性化的学习计划和评价机制，以适应不同学生的学习需求和能力水平。平台的智能化需要采用人工智能等技术手段，提高平台的智能化水平，从而更好地满足教学和管理的需求。

（二）平台的建设与管理

平台的建设与管理是平台建设的重要组成部分。在平台建设中，需要有专业的技术支持和人员管理，以保证平台的稳定运行和安全保障。在平台建设的初期，需要有专业的技术团队进行技术开发和实施工作，保证平台的功能实现和数据安全。同时，平台的建设也需要涉及平台的硬件、软件和网络设施的建设。平台的管理需要有专门的管理团队进行管理和维护工作，保证平台的稳定运行和安全保障。平台的管理还需要考虑到平台数据的备份、恢复和安全保护等方面。

（三）平台的推广与应用

平台的推广与应用是平台建设的重要环节。平台的推广需要有有效的宣传和推广策略，以吸引更多的教师和学教学与管理平台建设的推广和应用需要有有效的宣传和培训。宣传可以通过多种方式进行，例如在学校网站上发布相关信息、组织相关的宣讲会、制作宣传材料等。培训可以针对教师和学生不同的需求，设计相应的培训课程和方式。对于教师，可以开展教学设计、教学技能等方面的培训，帮助教师更好地应用信息化教学与管理平台，提高教学质量。对于学生，可以开展在线学习、学习方法等方面的培训，帮助学生更好地利用信息化教学与管理平台，提高学习效率。此外，还可以通过各种评估手段，例如问卷调查、成果评估等，及时了解平台使用情况和效果，及时优化平台，提高平台的质量和效率。

四、智慧教学与大数据应用

智慧教学是指采用先进的信息技术手段，将教学资源、教学内容和教学方法进行深度整合和协同，实现教育教学的精细化、个性化和智能化。大数据应用是指通过对大量数据进行采集、分析和挖掘，提取有价值的信息和知识，从而支持教育教学的决策和管理。智慧教学与大数据应用的结合是高职教学信息化的一个重要发展方向。智慧教学可以通过数据分析和挖掘，为教学决策和管理提供科学依据，提高教学质量和效果。大数据应用可以通过对学生学习数据的分析和挖掘，深入了解学生的学习情况和需求，为教学和学生服务提供参考和支持。智慧教学与大数据应用需要考虑到以下几个方面：一是数据采集和分析。智慧教学和大数据应用需要采集和分析大量的数据，包括学生学习数据、教师教学数据、教学资源数据等，以提供数据支持和科学依据。二是数据挖掘和应用。智慧教学和大数据应用需要对数据进行挖掘和应用，提取有价值的信息和知识，并结合教学和管理的实际需求进行应用。三是数据安全和隐私保护。智慧教学和大数据应用需要注意数据安全和隐私保护，加强数据保护和安全管理，保护学生和教师的隐私和个人信息。

五、教学信息化人才队伍建设

教学信息化人才队伍建设是高职教学信息化发展的关键。教学信息化人才队伍建设需要注重人才培养、引进和激励等方面，以推动高职教学信息化事业的发展。教学信息化人才培养需要关注到不同层次和类型的人才培养，包括教育信息化专业人才、教师和管理人员的信息化素质提升等。教学信息化人才引进需要加强对于优秀人才的引进和吸引力，创造良好的工作环境和发展机会，提高人才的归属感和忠诚度。

（一）教育信息化专业人才培养

高职院校需要关注教育信息化专业人才的培养，以便为教学信息化发展提供技术支持。院校应设立相关专业课程，培养学生在教育技术、信息技术及其在教育中的应用等方面的综合能力。教师和管理人员在教学信息化中扮演着关键角色。高职院校应开展针对教师和管理人员的信息化培训项目，提高他们的信息素养和技能，使其能够充分利用信息化手段进行教学和管理。

1. 专业课程设置

高职院校需要关注教育信息化专业人才的培养，以便为教学信息化发展提供技术支持。院校应设立相关专业课程，涵盖教育技术、信息技术及其在教育中的应用等方面的知识。课程设置应以实践性、操作性和前瞻性为导向，使学生能够掌握教育信息化的理论基础和实践技能。

2. 教学方法创新

在培养教育信息化专业人才过程中，教师应采用创新型的教学方法，引导学生主动探索和实践。例如，通过项目制学习、实践基地实习、案例分析等方式，使学生在实际操作中培养教育信息化能力。

3. 校企合作

高职院校应与企业、科研院所等社会资源建立紧密的合作关系，共同为教育信息化专业人才的培养提供支持。合作形式包括共建实践基地、职业实习、共享资源、产学研结合等，旨在使学生在校企合作中获得更丰富的实践经验和前沿技术认识。

4. 教师队伍建设

高职院校应注重教育信息化专业教师队伍的建设，选拔具备相关背景和丰富经验的教师。同时，通过组织教师参加教育信息化培训、学术交流等活动，提高教师队伍的整体素质和能力。

（二）教学信息化人才引进

高职院校应加大对优秀教学信息化人才的引进力度，通过广泛宣传、优厚待遇等手段，吸引更多优秀人才加入教学信息化队伍。为留住优秀教学信息化人才，高职院校应创造良好的工作环境，提供充分的发展空间，使人才能够在这里施展才华、实现自身价值。教学信息化人才激励高职院校应根据教学信息化人才的业绩和贡献，给予合理的薪酬待遇，激发他们的工作积极性和创新能力。教学信息化人才应具有较高的职业素养，拥有良好的团队协作精神和沟通能力。高职院校应通过实践活动、团队建设等方式，培养人才的职业素养。

1. 广泛宣传

高职院校应通过多种途径加强对优秀教学信息化人才的宣传推广。例如，通过网络、新闻媒体、行业会议等渠道，积极展示学校教学信息化的发展方向和成果，吸引更多优秀人才关注和加入。

2. 优厚待遇

为了吸引和留住优秀教学信息化人才，高职院校应提供具有竞争力的薪酬待遇，包括基本工资、奖金、福利等方面。此外，还可以为人才提供住房补贴、子女入学等优惠政策，以提高人才的归属感和忠诚度。

3. 良好工作环境

创造良好的工作环境对于吸引和留住优秀教学信息化人才至关重要。高职院校应提供完善的办公设施、教学资源和技术支持，使人才能够在这里施展才华、实现自身价值。

4. 发展空间

提供充分的发展空间是留住优秀教学信息化人才的另一个关键因素。高职院校应为教学信息化人才提供丰富的职业发展机会，如职务晋升、学术研究、项目主持等，使他们能够在事业发展中不断挑战自我、提升能力。

5. 人才激励机制

高职院校应根据教学信息化人才的业绩和贡献，建立合理的激励机制。例如，对于表现优秀的人才，给予更高的薪酬待遇、荣誉奖励或晋升机会等，激发他们的工作积极性和创新能力。

第五章　高职师资队伍建设

第一节　高职教师的职业能力要求

高职教师在职业能力要求上需具备扎实的专业知识、优秀的教学能力、实践教学能力以及教育心理素养。这些能力之间相互关联，共同作用于提高教育教学质量。为了更好地履行职责，高职教师应不断地自我学习和提升，以适应不断变化的行业和市场需求，培养出更多具备实际操作能力和创新精神的高素质人才。

一、扎实的专业知识

在高职教育教学过程中，高职教师应根据学生的需求、教学目标和市场需求，有针对性地传授专业知识，以培养更多具备实际操作能力、创新精神和竞争力的高素质技术技能型人才。高职教师还需要关注行业发展动态，了解专业领域的最新研究成果和技术发展，以便及时更新教学内容，培养适应市场需求的人才。高职教师在专业知识掌握方面，需要具备完整的专业知识体系，关注行业发展动态，整合与更新教学资源，以及积极参与教育研究。这些方面相互关联，共同构成了高职教师专业知识掌握的基本框架（如图5-1）。

（一）完整的专业知识体系

高职教师的专业知识体系包括专业基础理论、专业技能和技术、跨学科知识等。其中专业基础理论是学科知识体系的核心，为学生提供了学科发展

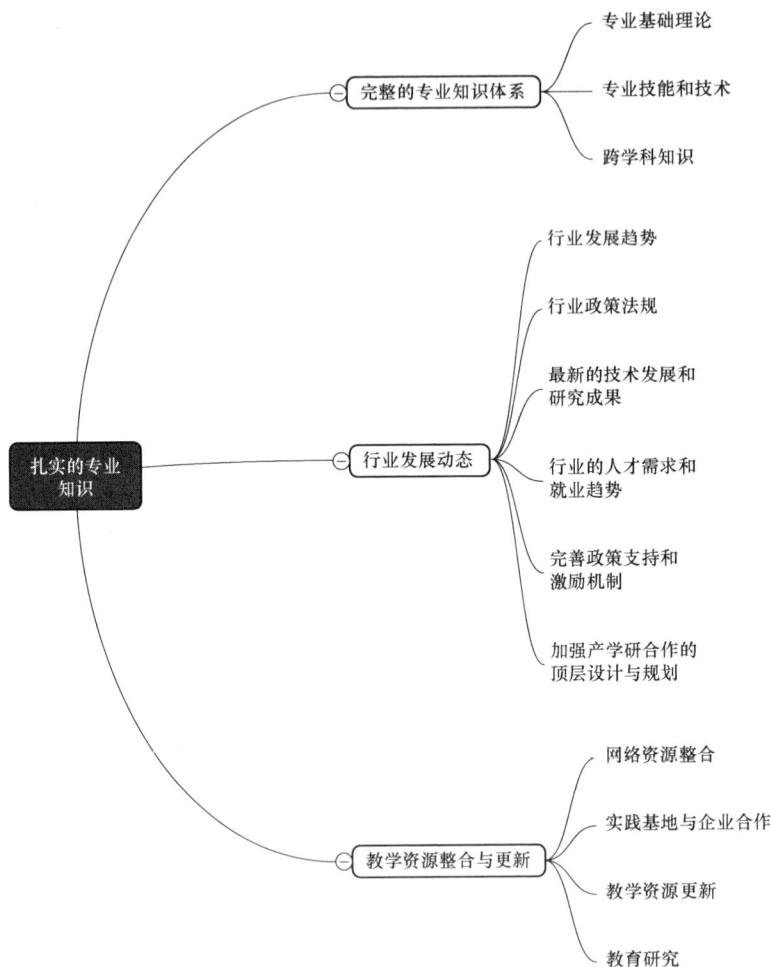

图 5-1　扎实的专业知识

的基本原理和方法。高职教师应具备扎实的专业基础理论知识，能够运用这些理论指导实际教学工作。在教学过程中，教师应将专业基础理论融入课程设计、教学方法选择等环节，帮助学生建立系统的专业知识体系，为其未来职业发展奠定坚实的基础。专业技能和技术是学生在实际工作中应用专业知识的关键。高职教师应具备与专业相关的实际操作技能，能够将这些技能和技术传授给学生。在教学过程中，教师应注重培养学生的实践能力，通过实验、实习等形式，让学生在实际操作中学习和掌握专业技能，提高其应对实际工作的能力。跨学科知识是拓展学生专业知识视野的重要途径。高职教师应关注与本专业相关的其他学科领域，掌握跨学科知识，为学生提供多元化的学习资源。在教学过程中，教师应鼓励学生学习跨学科知识，促进其跨领域思维的发展。通过跨学科知识的学习，学生可以提升创新能力和解决问题的能力，更好地适应社会发展和职业需求。

在教学过程中，高职教师需要充分运用这些知识，传授给学生，帮助他们建立完整的专业知识体系。其中，专业基础理论为学生提供了学科发展的基本原理和方法，是学生未来职业发展的根基；专业技能和技术则为学生提供了具体的操作方法和实践经验，是学生迅速适应岗位工作的关键。此外，跨学科知识的学习有助于拓展学生的视野，提升其创新能力和解决问题的能力。

（二）行业发展动态

随着时代的发展和技术的进步，各行各业都在不断发展和变革。作为高职教师，了解专业领域的行业发展动态对于提升教学水平和培养更加优秀的学生至关重要。

首先，了解行业发展趋势是高职教师的基本功。教师应该密切关注行业的发展方向和变化趋势，了解最新的技术和产品，熟悉市场需求和趋势。只有掌握了这些知识，教师才能更好地指导学生掌握专业技能，提高学生的就业竞争力。其次，了解行业政策法规是高职教师的必备能力。政策法规是行业发展的重要保障，教师需要了解政策法规的内容和变化，及时将其融入到教学内容中。教师应该关注国家政策、地方政策、行业规章等相关政策法规的出台和变化，让学生了解行业的规范和要求，提高学生的专业素养。再次，教师还需要了解最新的技术发展和研究成果。教师应该关注学科前沿和热点，掌握最新的技术和理论，将其融入到教学中，让学生跟上行业发展的最新步伐。同时，教师还可以借助这些最新的技术和研究成果来开展实践教学，增强学生的实践能力和创新意识。最后，教师需要关注行业的人才需求和就业形势。了解行业的人才需求和就业形势可以帮助教师调整教学内容和教学方法，让学生更好地适应市场需求，提高就业竞争力。教师还可以通过与企业和行业组织合作，加强实践教学和就业指导，让学生更好地了解就业形势和求职技巧。

（三）教学资源整合与更新

高职教师在专业知识掌握方面，还应注意教学资源的整合与更新。随着教育信息化的推进，教育资源的获取途径和形式日益丰富。高职教师需根据学生的需求和教学目标，有选择地利用网络资源、实践基地、企业合作等途径，整合现有教学资源，为学生提供更多样化的学习材料。

1. 网络资源整合

网络资源为教育教学提供了丰富的信息来源和教学工具。高职教师应善于利用网络资源，如在线教育平台、数字图书馆、学术数据库等，获取最新的专业知识和教学资源。同时，教师应指导学生合理利用网络资源，培养其自主学习和信息检索能力。在教学过程中，教师可将网络资源与传统教学相结合，提高教学效果。

2. 实践基地与企业合作

实践基地和企业合作是提高学生实践能力的重要途径。高职教师应与实践基地和企业建立紧密的合作关系，共同开展校企合作项目，为学生提供实际操作和实践的机会。通过与实践基地和企业的合作，教师可以了解行业发展趋势和人才需求，调整教学内容和方法，培养符合市场需求的技术技能型人才。

3. 教学资源更新

教学资源的及时更新是保障教学质量的关键。高职教师应定期审查教学大纲、课件、实验指导书等教学材料，剔除过时的内容，引入最新的研究成果和技术发展。同时，教师应关注教育改革和教学方法的发展，及时吸收新的教育理念和教学策略，以提高教学效果。教师还应根据学生的反馈，调整教学内容和方法，促进学生的学习兴趣和成长。此外，高职教师应定期审查和更新教学资源，剔除过时的内容，引入最新的研究成果和技术发展，以保证教学质量。

4. 教育研究

高职教师在专业知识掌握方面，还应积极参与教育研究。教育研究有助于教师了解学科发展趋势、学生需求、教学方法等方面的变化，从而不断完善自身的专业知识体系。

高职教师可通过参加学术会议、开展课题研究、发表论文等形式，与同行交流学术观点，共同探讨教育教学问题。学术会议是教育工作者交流学术成果、探讨教育教学问题的重要平台。高职教师应积极参加国内外学术会议，与同行分享研究成果，学习新的教育理念和教学方法。通过参加学术会议，教师可以扩大学术视野，提升自己在专业领域的影响力，为学校和学生提供更高质量的教育资源。课题研究是教育研究的重要组成部分，有助于教师系统地探讨教育教学问题，提高教育教学水平。高职教师应根据实际教学需求，开展课题研究，研究课程改革、教学方法、评价机制等方面的问题。通过课题研究，教师可以将研究成果应用于实际教学，推动教育教学的创新和发展。

发表论文是教育研究成果的主要展示形式，也是提升教师学术影响力的重要途径。高职教师应在开展教育研究的过程中，撰写论文，将研究成果分享给更广泛的读者。通过发表论文，教师可以与国内外同行建立学术联系，促进教育教学经验的交流与合作。

此外，高职教师还应关注国内外同行的研究成果，及时吸收新的教育理念和教学方法，提高教育教学能力。

二、优秀的教学能力

为了更好地履行职责，高职教师应不断地自我学习和提升，以适应不断变化的教育环境和学生需求。通过不断完善教学能力，高职教师能够更好地激发学生的学习兴趣，提高教学质量和效果，从而培养出更多高素质的技术技能型人才。在高职教育中，教师的角色和职责正在发生变化。随着教育理念的更新，教师不再仅仅是知识的传授者，而是学生学习的引导者、辅导员和合作者。在这个过程中，教师需要关注学生的全面发展，创造良好的学习环境，提供个性化的教学支持，培养学生的创新精神和团队合作能力。高职教师的教学能力是其核心职业能力之一，直接影响着学生的学习效果和教育质量。在高职教育中，优秀的教学能力有助于激发学生的学习兴趣，提高教学质量和效果。下面从教学方法与策略、课堂组织与管理、教育评价与反馈等方面，对高职教师优秀的教学能力进行详细论述（如图5-2）。

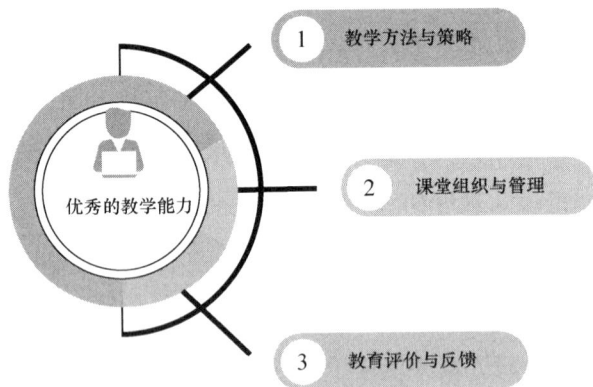

图 5-2 优秀的教学能力

（一）教学方法与策略

高职教师在教学过程中，应灵活运用多种教学方法与策略，满足不同学生的学习需求。为了更好地组织课堂教学，高职教师需要掌握教育心理学、教育学等基本理论，了解学生的认知特点、学习风格和兴趣等方面的差异。结合这些理论知识，高职教师可以制定具有针对性的教学计划，选择适合学生的教学方法，从而提高教学效果。在教学方法的选择上，高职教师应注重学生的主体地位，鼓励学生积极参与课堂活动。例如，采用讨论式教学、案例教学、小组合作学习等方法，让学生在教学过程中发挥主动作用，提高学习积极性。同时，高职教师还应关注学生的实际操作能力培养，将理论教学与实践教学相结合，让学生在实践中掌握专业技能，提高就业竞争力。

（二）课堂组织与管理

课堂组织与管理是高职教师教学能力的重要组成部分。良好的课堂组织与管理有助于营造积极的学习氛围，提高学生的学习效果。在课堂组织与管理过程中，高职教师应注重以下几点：首先，高职教师需要明确教学目标，确保课堂教学内容的系统性和连贯性。明确的教学目标有助于学生更好地理解教学内容，为学生的学习提供方向。其次，高职教师应合理安排课堂时间，充分利用课堂资源，确保教学进程的顺利进行。在课堂时间安排上，应关注学生的认知负荷，避免过多的信息压迫学生，从而提高学习效果。此外，高职教师还应关注课堂纪律，维护良好的学习环境，确保学生能够专心学习。在课堂管理过程中，高职教师应激发学生的学习兴趣，关注学生的学习动力。可以通过设计有趣的课堂活动、引入生动的案例、设置悬念等方法，激发学生的好奇心，提高课堂参与度。同时，高职教师还应关注学生的个体差异，尊重学生的意见和建议，鼓励学生表达自己的观点，从而增强学生的学习自信。

（三）教育评价与反馈

教育评价与反馈是高职教师教学能力的重要组成部分，对于提高教学质量具有关键作用。在教育评价过程中，高职教师应注重学生的全面发展，关注学生的知识掌握、技能运用、创新能力等多方面的表现。为了更好地评价学生的学习效果，高职教师应运用多种评价方法，如作业评价、课堂表现评价、实践考核等，确保评价的客观性和公正性。在教育反馈过程中，高职教师应及时向学生提供反馈信息，帮助学生了解自己的学习进步和不足之处。通过对学生的作业批改、课堂表现点评等形式，高职教师可以发现学生的问题，指导学生改进学习方法，提高学习效果。同时，高职教师还应关注学生的情感需求，鼓励学生积极面对困难，树立自信心，从而提升学生的学习动力。

三、实践教学能力

实践教学能力是高职教师的一项核心职业能力，它对于培养学生的实际操作技能和就业竞争力具有重要意义。在高职教育中，实践教学能力能帮助教师将理论知识与实际应用相结合，让学生在实际操作中掌握专业技能。

（一）实践教学能力的重要性

高职教育的核心目标是培养适应社会发展需求的高素质技能型人才。实践教学是高职教育中的重要组成部分，它可以帮助学生将理论知识与实际操作相结合，掌握专业技能。实践教学能力是高职教师的一项核心职业能力，它对于培养学生的实际操作技能和就业竞争力具有重要意义。高职教师实践教学能力的重要性体现在以下几个方面：

1. 帮助学生掌握实践操作技能

实践教学是高职教育中最重要的组成部分之一，它能够帮助学生掌握实践操作技能，提高学生的实践能力。高职教师需要具备实践教学能力，才能够帮助学生更好地掌握实践操作技能，提高学生的实践能力。

2. 提高学生的就业竞争力

随着社会的发展和竞争的加剧，就业市场对于技能型人才的需求越来越高。高职教育的重要目标就是培养适应社会发展需求的高素质技能型人才。实践教学能力是高职教师必须具备的核心职业能力，它可以帮助学生提高实践能力，从而提高学生的就业竞争力。

3. 促进教育教学改革

实践教学能力也是教育教学改革的重要推动力量。通过实践教学，可以将理论知识与实际操作相结合，提高学生的学习兴趣和实践能力。高职教师需要具备实践教学能力，才能够促进教育教学改革。

（二）实践教学能力的培养

高职教师的实践教学能力需要通过不断地实践和培养来提高。具体来说，可以采取以下几个方面的措施：

1. 学习和掌握实践教学的理论知识

高职教师需要学习和掌握实践教学的理论知识，了解实践教学的基本原则和方法，以便在实践教学中能够更好地运用。

2. 多参与实践教学活动

高职教师可以通过多参与实践教学活动，加强对实践教学的了解和掌握。同时，也可以借此机会与其他教师交流经验，共同提高实践教学能力。

3. 不断改进实践教学方案

高职教师需要不断改进实践教学方案，根据学生的实际需求和教学效果进行调整和改进，保证实践教学的质量和效果。

4. 学习和掌握新的教学技术和方法

随着教育教学的发展和科技的进步，新的教学技术和方法不断涌现。高职教师需要学习和掌握新的教学技术和方法，不断提高自己的实践教学能力。

（三）实践教学设计

实践教学设计是实践教学能力的基础，高职教师需要具备将理论知识与实际操作相结合的能力。在实践教学设计过程中，教师应结合专业特点、行业发展和学生需求，制订具有针对性和操作性的实践教学计划。实践教学设计应遵循以下原则：

第一，实践教学设计应紧密结合专业课程体系，确保实践教学内容的系统性和连贯性。实践教学应与理论教学相互补充，让学生在实践中巩固和拓展理论知识，提高实际操作能力。为实现这一目标，教师应在设计实践教学活动时，结合专业课程体系的要求，选择与课程内容相关的实践项目。这些实践项目应能够帮助学生理解和掌握专业知识，提高学生的专业技能。同时，教师还应关注实践教学与理论教学的融合，将实践教学与课堂教学相结合，使学生在实践中巩固理论知识，提高综合运用能力。

第二，实践教学设计应关注学生的个体差异，为学生提供不同难度和层次的实践任务。通过设置适合不同学生的实践项目，教师可以激发学生的学习兴趣，提高学生的实践能力。为实现这一目标，教师应在设计实践教学活动时，充分了解学生的兴趣和需求，因材施教，为学生提供个性化的实践项目。这些实践项目应能够满足不同学生的学习需求，激发学生的学习兴趣，提高学生的实践能力。同时，教师还应关注学生的进步和成长，对学生的实践成果进行及时评价和反馈，为学生提供改进和提高的建议。

第三，实践教学设计应注重培养学生的创新能力和团队协作能力。在实践项目中，教师可以设置具有挑战性的任务，鼓励学生发挥创意，解决实际问题。同时，教师还应培养学生的团队合作意识，让学生在团队合作中学会沟通协作，提高个人和团队的综合素质。为实现这一目标，教师应在设计实践教学活动时，充分利用各种创新教学方法，如项目制学习、问题导向学习等，激发学生的创新思维，培养学生的解决问题的能力。在实践项目中，教师可以设置跨学科、跨领域的挑战性任务，让学生在探究过程中发挥创意，解决实际问题。此外，教师还应鼓励学生主动参与各类科技竞赛、创新创业活动，通过实际操作和实践，提升学生的创新能力。在培养学生团队协作能力方面，教师应在实践教学设计中注重团队合作项目的设置。这些项目应具有一定的复杂性和挑战性，要求学生在团队中分工合作，共同完成任务。在实践过程中，教师应引导学生学会沟通协作，培养学生的团队精神，提高学生的团队协作能力。同时，教师还应关注团队中每个成员的发展和进步，对团队合作成果进行评价和反馈，为学生提供改进和提高的建议。

第四，实践教学设计还应注重与企业和社会的合作，以增强实践教学的针对性和实效性。教师可以与企业、行业协会等合作，为学生提供实习实训、项目合作等实践机会。这样既能让学生在实际工作环境中学习和成长，提高学生的实际操作能力和职业素养，同时也有助于学生更好地了解行业动态，为未来就业做好准备。

（四）实践教学组织与管理

实践教学组织与管理是高职教师实践教学能力的重要组成部分，它直接影响着实践教学的质量和效果。在实践教学过程中，高职教师需要关注以下几个方面：

1. 确保实践教学的安全与规范

在实践教学过程中，教师需要关注学生的操作安全，提前进行安全教育和培训。这包括确保学生了解实验室规章制度、实验器材的正确使用方法、实验操作过程中的安全注意事项等。同时，教师应根据实验的特点，制定详细的安全预案和应急处理措施，以便在实践教学过程中出现意外情况时能够迅速应对。此外，教师还应监控实践环境的安全状况，定期检查实验设备的运行状况，确保实验环境的整洁与安全。

2. 有效组织实践教学活动

根据实践教学计划，教师需要合理安排实践教学的时间、地点、人员等资源。为了确保实践教学的顺利进行，教师应在教学计划中明确实践教学的目标、内容、任务和要求，以便学生对实践教学有清晰的认识。在实践教学过程中，教师应关注学生的参与度，鼓励学生积极参与实践活动，通过实践任务的设计和实施，引导学生探究、思考和解决问题，从而提高实践教学的效果。

3. 关注实践教学过程中的问题和困难

通过与学生的互动和沟通，教师可以发现实践教学中的问题，有针对性地给学生提供指导和帮助。例如，针对学生在实践操作过程中遇到的技术难题，教师应及时给予解答和指导，帮助学生克服困难。同时，教师还应关注学生的心理状态，对于在实践教学过程中产生焦虑、恐惧等负面情绪的学生，教师应给予关心和支持，帮助学生树立自信，调整心态。在实践教学过程中，教师还应及时调整实践教学计划和方法，以适应学生的需求和教学目标。

4. 实践教学评价也是需要关注的方面

实践教学评价既要评价学生的实践成果，也要关注学生在实践过程中的表现。为了更好地评价学生的实践能力，教师应采用多元化的评价方法，如实践报告、实践考核、实践成果展示等。在评价过程中，教师应关注学生的实际操作能力、团队协作能力、问题解决能力和创新能力等多个方面，给予全面、客观的评价。同时，教师应及时向学生反馈评价结果，指导学生分析自身在实践教学过程中的优势和不足，提出改进措施，以便学生在今后的实践教学中不断提高。

5. 教师与学生之间的沟通

在实践教学组织与管理中，教师与学生之间的沟通至关重要。有效的沟通能够帮助教师了解学生的需求，调整教学计划和方法，提高实践教学的质量。为了促进教师与学生的沟通，教师应积极倾听学生的意见和建议，关注学生在实践教学过程中遇到的问题，及时提供帮助和支持。此外，教师还应鼓励学生之间的交流与合作，通过小组讨论、成果分享等方式，帮助学生互相学习，共同提高。

四、教育心理素养

教育心理素养是高职教师职业素质的重要组成部分，它对于提高教学质量和效果具有关键作用。在高职教育中，教师需要关注学生的心理发展特点、个体差异，以及学生在学习过程中的心理需求。下面将从认识学生心理发展、关注学生个体差异和提供个性化辅导等方面，对高职教师的教育心理素养进行详细论述（如图 5-3）。

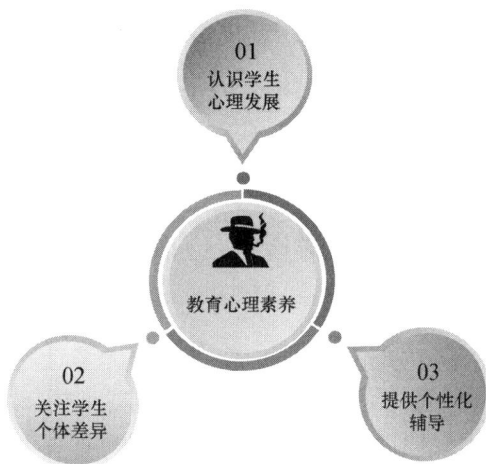

图 5-3　教育心理素养

（一）认识学生心理发展

认识学生心理发展是教育心理素养的基础，高职教师需要具备一定的心理学知识，以便更好地理解和关注学生的心理特点。在高职教育中，学生的心理发展特点主要体现在以下几个方面：首先，认知发展。高职学生处于青春期晚期和成年期初期，这一阶段的认知发展主要表现为思维逐渐趋于成熟，具有较高的抽象思维能力、逻辑推理能力和创新能力。高职教师应关注学生的认知发展，采用适当的教学方法和策略，帮助学生提高思维能力和解决问题的能力。其次，情感发展。高职学生在情感方面可能表现出较大的波动和不稳定性，这与生理发育、心理压力和环境因素等有关。高职教师应关注学生的情感发展，及时发现和处理学生的情感问题，创造一个积极、和谐的学习氛围。此外，社会发展。高职学生正处于从校园到职场的过渡阶段，需要逐步建立良好的人际关系、团队协作能力和社会适应能力。高职教师应关注学生的社会发展，培养学生的沟通能力、团队精神和职业道德观念，帮助学生顺利完成从学生到职业人的转变。

（二）关注学生个体差异

关注学生个体差异是教育心理素养的重要体现，高职教师应在教学过程中充分考虑学生的个性特点、兴趣爱好、学习能力等方面的差异，以便为学生提供更有效的教育和指导。在高职教育中，关注学生个体差异主要体现在以下几个方面：其一，充分了解学生。高职教师需要通过与学生的日常交流、观察学生的学习表现和行为特点等途径，全面了解学生的个性特点、兴趣爱好、学习能力等。了解学生的个体差异有助于教师制定更符合学生需求的教学计划和策略，提高教学质量和效果。其二，尊重学生的个性。高职教师应尊重学生的个性，鼓励学生发挥自己的优势，充分展示自己的个性特点。在教学过程中，教师应关注学生的个性需求，尽量避免采用"一刀切"的教学方法，以充分调动学生的学习积极性和主动性。其三，提供个性化教学。高职教师应根据学生的个体差异，采用灵活多样的教学方法，提供个性化的教学内容和辅导。个性化教学有助于提高学生的学习效果，培养学生的自主学习能力和创新能力。

（三）提供个性化辅导

提供个性化辅导是教育心理素养的关键体现，高职教师应根据学生的个体差异和需求，为学生提供有针对性的教育和指导。在高职教育中，提供个性化辅导主要体现在以下几个方面：

首先，制订个性化教学计划。高职教师应根据学生的学习能力、兴趣爱好和职业规划等因素，为学生制订个性化的教学计划。个性化教学计划有助于提高学生的学习积极性和效果，培养学生的自主学习能力。

其次，提供个性化学习资源。高职教师应根据学生的学习需求和兴趣，为学生提供个性化的学习资源，如课程资料、实践教学项目、学术研究项目等。个性化学习资源有助于激发学生的学习兴趣，提高学生的学习成果。

再次，进行个性化辅导和评价。高职教师应根据学生的个体差异和需求，为学生提供个性化的辅导和评价。在辅导过程中，教师需要关注学生的学习进度、困惑和问题，提供针对性的解答和建议。在评价过程中，教师应采用多元化的评价方式，充分考虑学生的个性特点和发展潜力，激励学生不断提高自己。

第二节　高职教师信息素养的提升

高职教师信息素养的提升对于适应信息化社会的发展具有重要意义。在信息时代，高职教师应不断提升自身的信息素养，以适应教育教学的发展需求，为培养高素质技能型人才作出积极贡献。高职院校和教育管理部门也应关注教师信息素养的培训和提升，为教师创造良好的学习和发展环境。只有这样，高职教育才能在信息时代更好地发展，为社会和国家的发展作出更大的贡献。

一、高职教师信息技术应用能力的重要性

随着信息技术的不断发展和普及，计算机和网络资源已经渗透到教育行业的各个方面。高职教师需要具备较强的信息技术应用能力，能够更好地利用现代信息技术辅助教学与管理，提高教育教学质量。高职教师信息技术应用的重要性见图5-4。

图5-4　高职教师信息技术应用能力的重要性

（一）适应信息时代的要求

随着信息技术的迅速发展，已经进入了一个信息时代。高职教育作为技能型人才的培训基地，需要紧跟时代步伐，培养具备较强信息素养的学生。高职教师是教育的主体，他们在引导和培养学生的过程中起着关键作用。因此，提高高职教师的信息素养是适应信息时代发展的必然要求。在这个信息爆炸的时代，大量的信息资源涌现出来，对教育工作者的信息获取、筛选、评估和应用能力提出了更高的要求。高职教师需要具备较强的信息素养，才能够更好地利用这些资源进行教学活动，满足教育改革和发展的需求。

（二）提高教学质量和效果

高职教师具备丰富的信息技术和应用能力，有助于教学资源的创新和优化。信息技术的运用可以帮助教师更好地进行教学设计，提高课堂教学的吸引力和有效性。例如，教师可以通过多媒体手段呈现丰富的教学内容，使学生更直观地理解抽象概念；利用网络平台开展在线教学和互动式学习，打破时间和空间的限制，提高学生的学习兴趣和参与度。信息技术还可以协助教师进行教学评价和反馈，使教学过程更加科学和精细。例如，教师可以利用大数据分析，了解学生的学习动态和需求，为每个学生制订个性化的教学计划，提高教学质量和效果。

（三）培养学生信息素养

高职教师在掌握信息技术的同时，还需要具备将信息技术融入教学的能力，以便更好地培养学生的信息素养。在现代社会，具备良好的信息素养是每个人都需要具备的基本素质。高职教师在教学过程中，应该引导学生掌握并运用信息技术，培养他们独立获取、分析、处理和利用信息的能力。这样，学生在毕业后能够更好地适应社会发展，成为具备较强信息素养的技能型人才。

（四）提升教育竞争力

在信息时代，高职院校之间的竞争日趋激烈。高职教师具备较高的信息素养，有助于提高学校的整体竞争力。高水平的教育资源和优质的教学服务是提升学校竞争力的关键。在这个过程中，高职教师的信息素养起着至关重要的作用。首先，教师的信息素养直接影响教学质量。教师能够运用信息技术，设计更加丰富和有趣的教学活动，提高学生的学习兴趣和参与度。同时，教师还可以利用信息技术进行教学评价，为学生提供及时有效的反馈，促进学生的学习进步。其次，教师的信息素养有助于提升学校的科研水平。随着信息技术的发展，科研活动日益依赖于信息技术。具备较高信息素养的教师能够更好地进行科研工作，为学校赢得更多的科研项目和资金，提高学校的知名度。最后，教师的信息素养有助于拓展学校的国际交流与合作。随着全球化的深入发展，国际交流与合作成为高职院校发展的重要途径。具备较高信息素养的教师能够利用各种信息渠道，积极开展国际交流与合作，引进先进的教育理念和技术，促进学校教育水平的全面提升。

二、高职教师信息资源的具体构成

教师信息素养是指教师在传递信息的实践基础上，根据社会信息环境和发展要求，自觉接受教育和进行修养而逐步形成的对待信息活动的态度，以及利用信息去解决问题的能力[①]。对于高职教师而言，信息素养主要包括信息意识、信息知识、信息能力、信息道德和信息创新等五个方面（如图5-5）。

（一）信息意识

信息意识是指人们对信息的敏感程度、需求和应用的主动性。在信息时代，高职教师需要不断增强自己的信息意识，主动适应教育教学领域的发展变化。通过关注信息的价值，理解信息的多样性，主动获取信息，善于运用

---

① 张贞云. 教育信息化［M］. 青岛：中国海洋大学出版社，2018：221.

信息,高职教师可以更好地满足教育教学的需求,提高教育教学质量见图5-5。

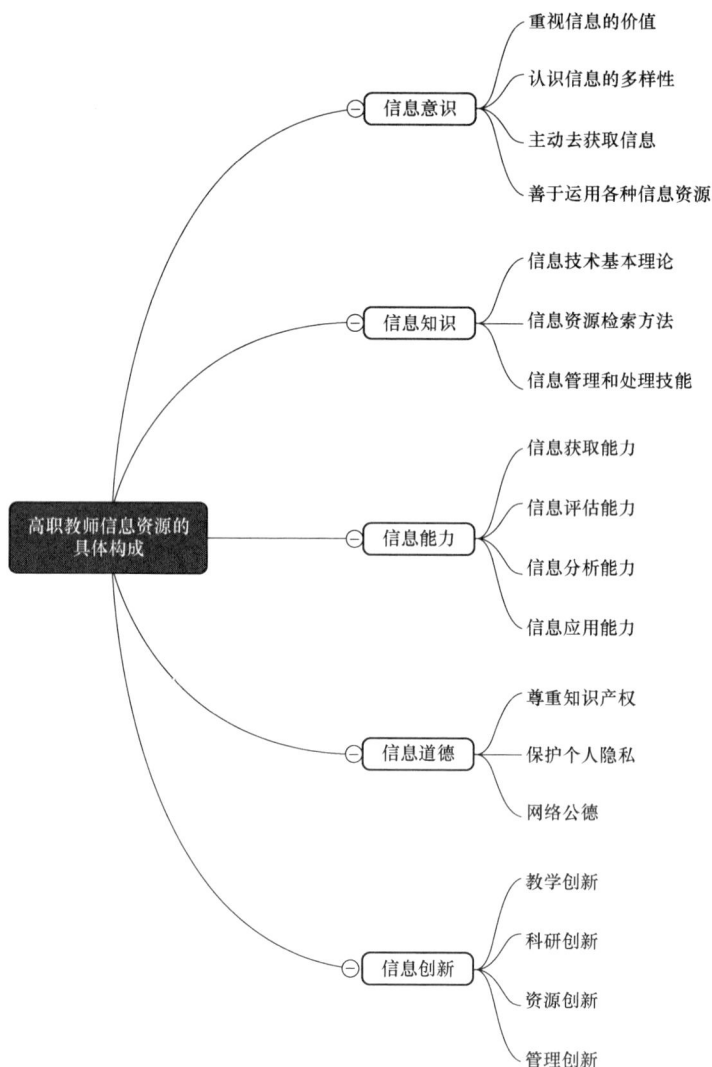

图 5-5　高职教师信息资源的具体构成

1. 重视信息的价值

首先,高职教师要充分认识到信息在教育教学中的重要性,并重视信息的价值。信息是提高教育教学质量的关键要素之一,因为它既是教育教学的对象,也是教育教学的手段。在教育教学过程中,高职教师需要关注并重视信息资源的价值，通过整合、优化和创新各类信息资源，提高教育教学质量。例如，高职教师可以利用丰富的信息资源，如网络课程、数字图书馆、教学案例等，为学生提供更多样化、个性化的学习资源；同时，运用信息技术，如在线教学、翻转课堂等，优化传统的教学方法，提高教学质量和效果。

2. 认识信息的多样性

高职教师要认识到信息的多样性，并理解各种信息资源的特点，以便更好地获取、分析和利用信息。信息资源有多种类型，如书籍、期刊、网络资源等，每种类型的信息资源都有其特点，如更新速度、内容深度、可靠性等。高职教师要根据教学需要，了解各类信息资源的特点，选择合适的信息资源。同时，高职教师要了解信息资源的组织方式和检索方法，如关键词检索、分类检索等，提高信息检索的效率和准确性。

3. 主动去获取信息

高职教师要主动关注教育教学领域的最新动态和发展趋势，及时获取相关信息，以不断提升自己的专业素养。这包括定期阅读教育教学领域的专业书籍、期刊和网络资源，关注国内外教育教学的最新发展动态和趋势；积极参加各类专业培训和学术交流活动，与同行交流经验和观点，提升自身的专业素养和教育教学能力；开展教育教学研究，探索适合本专业和学生特点的教育教学方法和策略，为教育教学实践提供理论支撑。

4. 善于运用各种信息资源

高职教师要善于运用各种信息资源，将信息技术与教育教学相结合，提高教育教学质量。这意味着高职教师需要具备一定的信息技术应用能力，能够灵活地运用信息技术辅助教学。例如，高职教师可以运用多媒体教学、在线课程等手段，优化传统的教学方法，提高教学质量和效果；同时，利用信息技术进行教育管理，如学生成绩管理、教学质量评价等，提高教育管理的效率和水平。

（二）信息知识

信息知识是指高职教师在教育教学过程中所需的与信息技术相关的基本理论、方法和技能。具体包括以下几个方面：其一，信息技术基本理论。高职教师需要掌握计算机科学、网络通信、数据处理等方面的基本理论知识，以便更好地理解和运用信息技术。其二，信息资源检索方法。高职教师要掌握各种信息检索方法和技巧，包括关键词检索、布尔检索、主题检索等，以便快速、准确地找到所需的信息。其三，信息管理与处理技能。高职教师要熟练掌握各种信息管理和处理工具，如文本编辑器、电子表格、数据库管理系统等，以便有效的整理、分析和利用信息。

（三）信息能力

信息能力是高职教师在教育教学过程中运用信息技术的实际操作能力。在现代社会，信息技术已成为高职教育的基础设施，高职教师需要掌握一定的信息能力，以便更好地开展教育教学活动。具体来说，高职教师的信息能力包括信息获取能力、信息评估能力、信息分析能力和信息应用能力。

1. 信息获取能力

在信息爆炸的时代，高职教师需要具备利用各种信息渠道获取信息的能力。首先，教师应该熟练使用图书馆资源，包括图书、期刊、论文等，通过阅读和研究这些资料来获取教育教学方面的知识。其次，教师需要掌握利用数据库进行检索的技能，这包括国内外的教育教学数据库、专业数据库等。此外，互联网资源是一个不可忽视的信息来源，教师应该熟悉搜索引擎的使用，以便更有效地从网络上获取所需的信息。

2. 信息评估能力

高职教师在获取信息的过程中，需要具备辨别信息真实性、准确性、时效性和适用性的能力。这是因为不同信息来源的质量参差不齐，教师需要有能力甄别出高质量的信息来源，从而确保所获取的信息是有价值的。具体来说，教师需要学会对信息来源进行评估，比如查看信息来源的出版单位、作者资质、信息更新时间等。同时，教师还要具备批判性思维，以便能够对所接触到的信息进行独立判断。

3. 信息分析能力

在获取大量信息后，高职教师需要具备对所获取信息进行分析、归纳和整理的能力。这是因为信息过剩可能导致认知负荷，使教师无法有效利用所获取的信息。通过分析、归纳和整理信息，教师可以从海量信息中提取有用的知识，更好地支持自己的教育教学工作。此外，信息分析能力还包括识别信息中的关键观点、发现信息之间的联系以及将信息整合为一个更高层次的知识体系等。

4. 信息应用能力

高职教师需要具备将所获取的信息运用于教育教学实践的能力。具体来说，这包括运用信息制订教学计划、设计教学活动、进行教学评估等。在制订教学计划时，教师应当根据所获取的信息，充分考虑教学目标、学生特点、教学资源等因素，制订出切实可行的教学计划。在设计教学活动时，教师应运用相关信息和技术，创造性地设计有趣、具有挑战性的教学活动，激发学生的学习兴趣和积极性。在进行教学评估时，教师需要结合所获取的信息，对学生的学习过程和学习成果进行全面、客观、公正的评价。

（四）信息道德

信息道德在当今数字化时代越发重要，尤其是对高职教师而言，具有更高的道德责任和行为规范要求。首先，尊重知识产权是高职教师信息道德的基本要求。知识产权法律法规旨在保护原创作者的劳动成果，维护知识秩序。高职教师在教学和科研活动中，应严格遵守相关法律法规，尊重他人的智力成果。在使用网络资源时，应注明来源、作者等信息，避免剽窃、抄袭等不道德行为。高职教师还应引导学生树立正确的学术观念，培养他们尊重知识产权的意识。通过遵循知识产权伦理，高职教师能够为学生树立良好的榜样，推动教育公平和科学研究的健康发展。其次，保护个人隐私是高职教师信息道德的重要内容。个人隐私包括生物特征、家庭住址、联系方式、身份证件、个人照片等个人信息。高职教师在处理学生和同事的个人信息时，应充分尊重他们的隐私权。不泄露、传播他人的隐私信息，避免给他人带来不必要的困扰和伤害。此外，高职教师应当关注信息安全，加强对个人信息的保护，以防止信息泄露。教育机构也应建立健全信息安全制度，增强师生信息安全意识，为保护个人隐私创造良好的环境。再次，网络公德是高职教师信息道德的重要组成部分。网络公德主要包括遵守网络公约和规范、维护网络安全和秩序等方面。高职教师在使用网络时，应遵循网络道德规范，不参与网络诽谤、攻击等不良行为，维护网络安全和秩序。此外，高职教师还应引导学生正确使用网络，培养他们的网络公德意识。这包括教育学生不传播虚假信息、谣言，不参与网络欺凌，以及不侵犯他人权益等。在网络空间树立良好的道德风气，有助于构建和谐的网络环境，促进网络健康发展。

值得注意的是，信息道德不仅限于以上三个方面，还包括其他一些重要的原则和规范。例如，高职教师应当关注信息公平，避免信息鸿沟的出现，促进信息资源的公平分配。在数字时代，不同地区、不同群体之间的信息不平衡可能加剧社会不公。高职教师应当努力推广先进的教育技术，让更多的学生受益，缩小信息鸿沟。同时，教师也应当教育学生增强信息安全意识，让他们学会在网络世界中保护自己。

（五）信息创新

信息创新是指高职教师在信息活动中具备的创新意识和能力。在现代社会，信息技术发展迅速，高职教师需要不断提高自己的信息素养，结合专业特点和学生需求，创新教学方法、科研手段、资源开发和管理策略。以下从四个方面进行详细论述：

1. 教学创新

高职教师应充分利用信息技术改革教学方法和手段。在线教学可以突破时间和空间的限制，让学生在合适的时间和地点进行自主学习。翻转课堂将课堂的主导权交给学生，教师可以将更多精力投入到个性化指导和实践教学中。项目式学习鼓励学生通过解决实际问题来学习专业知识，培养他们的团队协作和创新能力。这些教学方法和手段能够提高教学质量和效果，使学生在轻松愉快的氛围中主动学习，形成良好的学习习惯。

2. 科研创新

高职教师应运用信息技术进行科研活动。数据挖掘技术可以帮助教师从海量数据中提取有用信息，分析学生学习行为和成绩变化，为教育教学改革提供数据支持。模拟实验可以让学生在虚拟环境中进行实践操作，提高实验安全性和效率，节省实验成本。此外，教师还可以利用人工智能、大数据等技术开展教育教学研究，为教育教学提供有力的理论和实践支撑。

3. 资源创新

高职教师要积极开发和整合各种信息资源，为学生提供丰富、多样的学习资源。数字图书馆可以让学生随时随地获取各类电子书籍和学术论文，满足他们的个性化学习需求。开放课程则可以让学生自主选择合适的课程，拓宽知识面，提高综合素质。此外，教师还可以搭建在线学习平台，为学生提供个性化推荐的学习资源，提高学习效率。

4. 管理创新

高职教师应运用信息技术优化教育管理。学生成绩管理系统可以实现对学生考试、作业、实践等各方面成绩的实时记录和统计分析，帮助教师及时了解学生的学习状况，针对性地进行教学调整。教学质量评价系统可以让学生、教师、管理者等多方参与评价，形成全面、客观的评价结果，为教育教学改革提供参考依据。此外，教师还可以利用移动互联网技术实现课堂签到、请假等日常管理，提高管理效率和水平。

三、高职教师信息素养提升的具体措施

高职院校应关注教师信息素养的培养和提升，以适应信息化时代的教育发展需求，培养出更多具备高素质、高技能的专业人才。提高高职教师信息素养需要从营造良好的信息素养培养环境、采用多种培训方式以及开展学术交流与合作等方面进行全面推进。

（一）营造良好的信息素养培养环境

1. 完善基础信息建设

为了提升高职教师的信息素养，学校要完善基础信息建设。除了计算机设备、网络宽带和多媒体教室外，还应加强智能设备和物联网技术的应用，提升教育信息化水平。此外，高职院校还应加强校园无线网络的覆盖，确保教师和学生能随时随地获取网络资源。

2. 建立信息技术支持团队

信息技术支持团队应具备专业的技术知识和服务意识，协助教师开展信息化教学和研究项目，提升教师的科研水平。

3. 创设信息化教学氛围

除了鼓励教师运用信息技术外，还应通过开展信息技术应用比赛、优秀信息化教学案例评选等活动，激发教师的创新精神和积极参与度。

4. 信息技术与教育政策相结合

加强信息技术与教育政策的协同，确保信息技术在教育领域的深度融合。

（二）采用多种培训方式

高职教师信息素养的培训与提升需要采用多种培训方式，以适应教师不同的需求和特点。具体如下（如图5-6）。

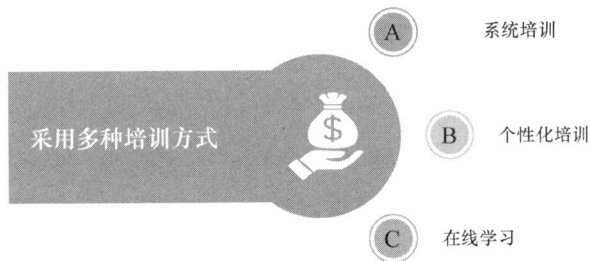

图 5-6　采用多种培训方式

1. 系统培训

系统培训是一种全面、深入的培训方式，旨在提高教师的信息技术应用能力。除了计算机基础操作、办公软件使用和多媒体制作外，系统培训还应涵盖互联网教育资源的检索与评价、虚拟实验室的搭建与应用等内容。此外，系统培训还应关注信息安全、网络伦理等方面的知识，提高教师的信息素养。系统培训通常由专业培训机构或学校内部的培训部门组织，形式多样，包括培训班、研讨会、讲座等。

2. 个性化培训

个性化培训是针对教师个人的需求和特点进行的培训。为了满足教师在不同阶段、不同领域的需求，可以针对性地开展如编程技能、数据分析、人工智能在教育中的应用等培训。个性化培训可以让教师根据自己的兴趣和需求选择合适的课程，有助于激发教师的学习热情和积极性。个性化培训可以通过一对一辅导、小组讨论等形式进行。

3. 在线学习

在线学习是一种灵活、便捷的学习方式，鼓励教师利用课余时间参与

143

线上研讨会、网络论坛等学习形式，与同行进行深入交流，拓宽知识领域。在线学习可以让教师随时随地学习，节省时间和精力。此外，通过在线学习，教师可以获取丰富的学习资源，拓展知识面，提升自身信息素养。在线学习平台如慕课、网易云课堂等提供丰富的课程资源，教师可以自由选择。

（三）开展学术交流与合作

高职教师信息素养的提升需要高职院校定期开展学术交流与合作，通过以下措施来进行（见图 5-7）。

图 5-7　开展学术交流与合作

1. 校内交流

高职院校要组织定期的教学研讨活动，包括信息化教学案例分享、教育信息技术研究成果展示等，以促进教师之间的交流与合作。同时，设立信息化教育交流平台，让教师方便地分享教学资源、教学方法和经验心得。

2. 校际交流

要与其他高职院校建立长期合作关系，共同开展课题研究、教材编写、教学资源共享等活动，提升教师间的互动与合作。此外，还可以参与区域性、全国性的教育信息技术研讨会和论坛，以提高教师的信息素养。

3. 国际交流与合作

建立与国际知名高职院校的合作关系，互派教师进行访问和学术交流，以便学习国外先进的信息化教育经验。同时，鼓励教师参加国际教育组织的活动，如国际教育技术协会（ISTE）等，以提高教师的国际影响力。

4. 产学研合作

与企业、科研机构等建立紧密的合作关系，共同开展信息技术在教育领域的研究和应用，为教师提供实践操作的机会，提高教师的实际工作能力。

第三节 高职教师"双师型"队伍建设

随着中国经济社会的发展，对人才培养的需求日益增长，特别是对高职教育的重视程度不断提高。高职教育作为职业教育的重要组成部分，旨在培养具备高素质、高技能的应用型人才。高职教师是高职教育的核心，因此，高职教学管理中建设一支"双师型"高职教师队伍显得尤为重要。

一、"双师型"教师的内涵与特征

（一）"双师型"教师的内涵剖析

"双师型"教师是指既具有专业理论素养，又具备实际操作能力的教师。他们能够将专业理论与实际操作相结合，为学生提供全面的教育和培训。"双师型"教师从内涵上可以归纳为范围、来源、知识、能力四个方面。

从范围方面来说双师型教师主要应用于职业教育领域，尤其是高职教育中。这类教育注重培养学生的职业技能，以满足社会和行业的需求。因此，双师型教师在教育范围上具有明确的定位，强调专业知识与实践操作相结合，为学生提供全面的教育和培训。

从来源方面来说双师型教师的来源多样化，既可以来自具有丰富教学经验的专业教师，也可以来自具有实践经验和专业技能的行业专家。通过各种途径吸引和培养双师型教师，使他们具备教育教学和实践操作两方面的优势，为学生提供更丰富的学习资源。

从知识方面来说双师型教师在知识方面具有深厚的专业理论素养。他们不仅熟练掌握本专业的理论知识，还关注相关领域的发展动态，与时俱进，以便为学生提供最新的专业知识。此外，双师型教师还需具备广泛的知识储备，以便在教学过程中与其他学科、专业的知识相互融合，促进学生全面发展。

从能力方面来说双师型教师在能力方面具有实际操作能力和教育教学能力。实际操作能力意味着他们能够熟练掌握各种专业技能，并将其运用到实际工作中。教育教学能力则体现在他们具有丰富的教学经验，能够运用多种教学方法和手段，激发学生的学习兴趣和主动性，提高教学质量。

（二）"双师型"教师的主要特征

"双师型"教师的特征主要包括以下方面（见图 5-8）。

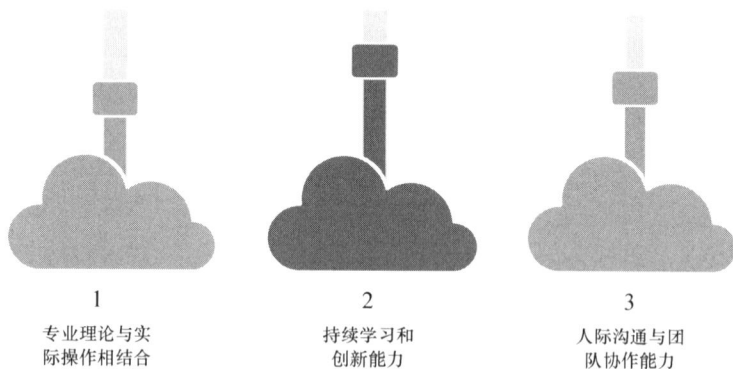

图 5-8 "双师型"教师的主要特征

1. 专业理论与实际操作相结合

"双师型"教师具备扎实的专业理论知识和实际操作能力，能够将理论知识与实际操作相结合。在教学过程中，他们通过案例分析、实践操作等方式，将专业理论与实际应用相融合，使学生更好地理解和掌握所学知识。同时，这也有助于培养学生的实际操作能力和技能水平，提高其综合素质。教育教学能力与实践经验相结合　"双师型"教师在教育教学能力方面表现优秀，具备丰富的教育教学经验。他们能够运用多种教学方法和手段，因材施教，激发学生的学习兴趣和主动性。此外，他们注重实践操作经验的积累，将实践经验融入教学过程中，为学生提供真实、有效的实践教学环境，有利于学生在实践中巩固所学知识和技能。

2. 持续学习和创新能力

"双师型"教师具备较强的学习能力和创新精神。他们能够不断更新知识体系，紧跟行业发展，为学生提供最前沿的专业知识和技能。此外，他们还具有较强的创新意识，能够运用创新思维解决实际问题，推动教育教学改革，提高教学质量。跨学科知识整合能力　"双师型"教师具备跨学科知识整合能力。他们在本专业领域的基础上，能够关注相关领域的发展动态，将多个学科、专业的知识相互融合，形成系统化、综合化的知识体系。这有助于丰富教学内容，拓宽学生的知识视野，促进学生全面发展。

3. 人际沟通与团队协作能力

"双师型"教师具备良好的人际沟通和团队协作能力。他们能够与学生、同事和行业专家建立良好的沟通和合作关系，共同推动教学和实践的发展。此外，他们在教学过程中关注学生个体差异，通过有效沟通，了解学生需求，提供个性化指导和支持。同时，他们在团队协作中积极发挥自身优势，与其他教师共同携手，提高教学质量和学生满意度。

二、完善"双师型"教师队伍建设机制

完善"双师型"教师队伍建设机制，需要从专业伦理信念、专业知识、专业能力和专业实践四个方面进行深入研究和实践（见图 5-9）。

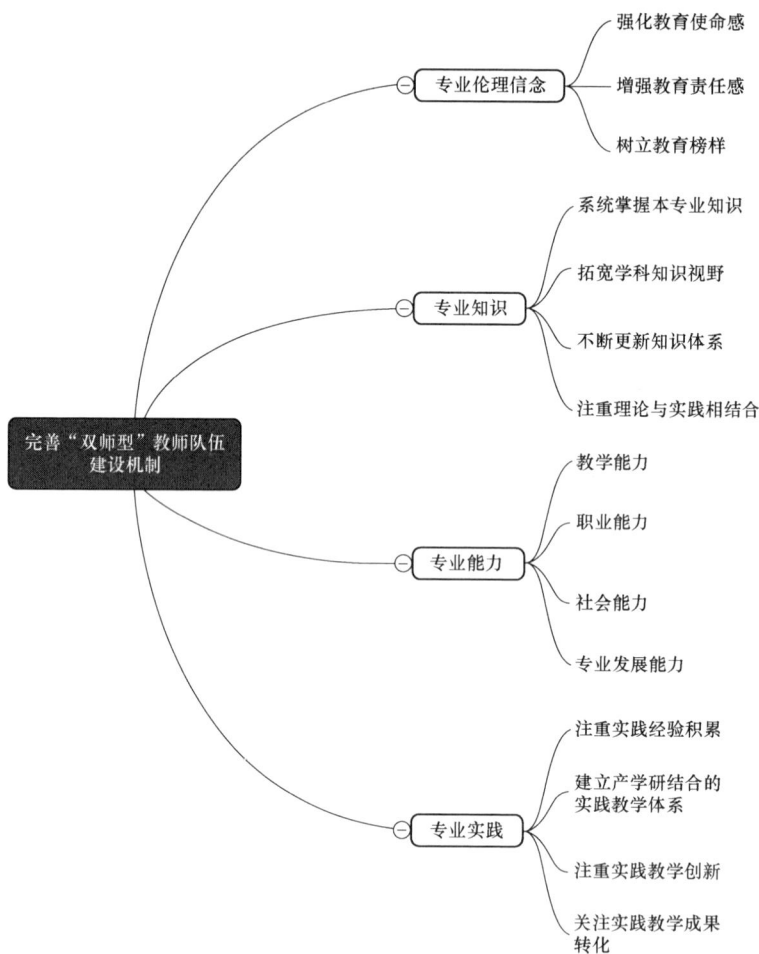

图 5-9　完善"双师型"教师队伍建设机制

（一）专业伦理信念

"双师型"教师队伍建设要关注教师的专业伦理信念。专业伦理信念是指教师对于自己职业道德的认同和信仰，这是他们履行职责、实现教育目标的基石。在完善"双师型"教师队伍建设机制中，需要注重培养教师的教育使命感和责任感，确保他们在教育教学中恪守道德规范，关心学生发展，为人师表。

首先，要强化教育使命感。教育工作者应具备坚定的教育信仰，深知自己肩负着培养社会主义事业接班人的重要责任。教师要始终将教育事业作为人生价值的实现，为培养德智体美全面发展的人才而努力。其次，要增强教育责任感。教师要深入了解学生的需求和发展，关心学生的成长，关注学生的困难，为学生提供全方位的教育服务。在教学过程中，教师要对自己的教育教学行为负责，积极改进教学方法，提高教学质量。再次，树立教育榜样。教师要以身作则，遵守社会公德，恪守职业道德，关爱学生，为人师表。他们要通过自己的行为，为学生树立良好的道德榜样，引导学生形成正确的价值观、人生观和世界观。

（二）专业知识

专业知识是教师教育教学的基础，是"双师型"教师队伍建设的核心。在完善"双师型"教师队伍建设机制中，要注重提高教师的专业知识水平，使他们能够为学生提供丰富、有深度的专业知识和技能培训。

1. 系统掌握本专业知识

教师要系统地掌握本专业的基本理论、基本知识和基本技能。他们要通过深入学习、实践，形成全面、系统的专业知识体系，为教育教学提供坚实的基础。

2. 拓宽学科知识视野

教师要关注相关领域的发展动态，拓宽学科知识视野。他们应在本专业领域的基础上，了解其他学科的发展，培养跨学科知识整合能力。这有助于丰富教学内容，拓宽学生的知识视野，促进学生全面发展。

3. 不断更新知识体系

随着社会和科技的发展，教育教学内容也在不断发生变化。教师要具备较强的学习能力，紧跟行业发展，不断更新知识体系，为学生提供最新的专业知识和技能。

4. 注重理论与实践相结合

教师要在掌握专业理论的基础上，关注理论与实践的结合。他们要通过实践活动、案例分析等方式，将专业理论与实际应用相融合，使学生更好地理解和掌握所学知识。

（三）专业能力

专业能力是教师实现教育教学目标的关键。在完善"双师型"教师队伍建设机制中，要注重培养教师的专业能力，使他们能够有效地开展教育教学活动，提高教学质量。高职"双师型"教师的专业能力主要包括教学能力、职业能力社会能力、专业发展能力四个方面，具体如下：其一，教学能力是高职"双师型"教师的基本能力。他们需要具备一定的教育教学理论知识，熟悉教育教学方法和技巧，能够针对学生的个性特点和需求进行因材施教。同时，教师还应具备较强的组织协调能力，能够组织和指导学生开展各种教育教学活动，以及评价和反思教育教学过程，不断优化教学方法和手段，提高教学质量。其二，职业能力是高职"双师型"教师的核心能力。教师在具备丰富的行业经验和实际操作能力的基础上，要能够将理论知识与实践相结合，为学生提供全面的教育和培训。教师需要具备较强的实践操作技能，能够应对不同的实际工作场景，帮助学生在实践中掌握专业技能，提高就业竞争力。其三，社会能力是高职"双师型"教师的重要素质。教师应具备较强的人际沟通和团队协作能力，能够与学生、同事和行业专家建立良好的沟通和合作关系。同时，教师还需要具备一定的社会服务能力，积极参与社会活动，关注社会发展动态，为社会经济发展提供人才支持和智力贡献。其四，专业发展能力是高职"双师型"教师的持续发展动力。教师需要具备较强的学习和创新能力，能够不断更新知识体系，紧跟行业发展趋势，提升自身的专业素质。此外，教师还应具备一定的研究和发展能力，积极参与教育教学改革和实践活动，探索新的教育教学方法和途径，推动教育事业的持续发展。教师要善于总结自己的教育教学经验，关注同行业的最新研究成果，不断提升教育教学质量。

（四）专业实践

专业实践是"双师型"教师队伍建设的重要支柱。在完善"双师型"教师队伍建设机制中，要注重培养教师的专业实践能力，使他们能够将教育教学与实际应用相结合，为学生提供真实的实践教学环境。首先，要注重实践经验积累。教师要关注实践操作经验的积累，将实践经验融入教学过程中。他们要通过实践活动、项目合作、企业实习等方式，积累丰富的实践经验，为学生提供真实、有效的实践教学环境。其次，建立产学研结合的实践教学体系。教师要推动产学研结合，与企业、科研机构建立紧密的合作关系，共同培养学生。这有助于提高学生的实际操作能力，拓展学生的就业渠道，促进学生的全面发展。再次，注重实践教学创新。教师要关注实践教学方法的创新，探索有效的实践教学模式。他们要运用案例教学、项目教学、实验教学等多种方式，将理论与实践相结合，提高教学质量。最后，关注实践教学成果转化。教师要关注实践教学成果的转化，将实践成果运用到教育教学中，为学生提供最新的专业知识和技能。此外，他们还要关注实践成果的科研、社会价值，推动实践成果的产业化、社会化。

三、创新"双师型"教师队伍建设的模式

高职教学管理过程中应根据教育发展需求、社会环境变化以及教师个人特点，灵活创新"双师型"教师队伍建设的模式，为教师提供多元化、个性化的培养途径。为了更好地培养"双师型"教师，可以从以下三个模式入手（见图5-10）。

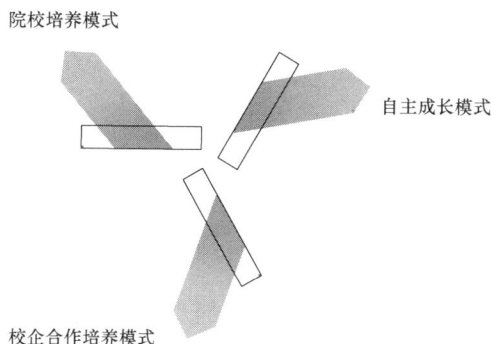

图5-10　创新"双师型"教师队伍建设的模式

（一）院校培养模式

院校培养模式是以高等院校为主要阵地，通过系统化的课程设计、教学实践、教育科研等手段进行全面培养。该模式的优势在于，它能够充分利用高等院校的教育资源和教育科研成果，为教师提供丰富的理论知识和实践经验。在这一过程中，重视课程体系建设、教学方法改革以及教育实践环节的培训，从而为培养出具备专业素养和实践能力的"双师型"教师创造条件。

具体而言，院校培养模式需要构建一个包括基础学科知识、专业知识、教育学理论、心理学原理、教育实践能力等多方面内容的课程体系。基础学科知识是教师教育的根本，高等院校应设置丰富多样的学科课程，使教师在专业领域具备扎实的理论基础。与此同时，注重跨学科知识的培养，以提高教师的综合素质，使其能够更好地应对不断变化的教育环境。专业知识是教师教育的重点，高等院校需要设置充足的专业课程，使教师在所教授学科领域具备深厚的专业素养。此外，应重视教师在专业领域的研究能力培养，通过组织专业论文撰写、专题研究等活动，培养教师的专业研究能力。教育学理论是教师教育的核心，高等院校应加强教育学理论课程的设置，使教师全面了解教育学的基本原理、教育教学方法以及学生心理特点等内容。通过教育学理论的学习，教师能够更好地把握教育规律，提高教育教学质量。心理学原理在教师教育中占有重要地位。高等院校应设置相关课程，使教师深入了解学生心理发展规律、心理健康状况以及心理辅导方法等内容。掌握心理学原理能够帮助教师更好地理解学生的需求，调整教育教学方法，提高教育教学效果。教育实践能力是"双师型"教师的核心素质。高等院校应在课程设置中重视实践课程的比重，如教育实习、教育教学案例分析等，使教师在实践中提高教育教学能力。此外，还应组织各类教育实践活动，如课程设计、教学比赛、教育研讨等，以培养教师的实践能力和创新精神。

此外，高等院校还应关注教师的个性化发展，鼓励教师参加各种教育科研项目，提高教师的科研水平和创新能力。

（二）校企合作培养模式

校企合作培养模式是一种将学校教育与企业实践相结合的培养方式，旨在为教师提供更加贴近实际的培训和实践机会。以下对校企合作培养模式的特点和实施方法进行详细论述。

1. 校企合作培养模式的特点

校企合作培养模式具有以下几个特点：（1）实践性强。校企合作培养模式强调实践教学，使教师能够在实际工作环境中学习和成长。这有助于培养教师在实际教育场景中解决问题的能力，提高教育教学质量。（2）贴近市场需求。校企合作培养模式关注市场需求，以企业对教师的需求为导向，调整培训内容和培养目标。这有助于培养出更具市场竞争力的"双师型"教师，满足社会和企业的需求。（3）资源共享。校企合作培养模式借助企业的资源和实践平台，为教师提供更加丰富的实践机会。这有助于提高教师培训的效果，培养出具备实践能力和创新精神的"双师型"教师。

2. 校企合作培养模式的实施方法

为了实现校企合作培养模式，学校和企业可以通过以下几种方式加强合作：第一种，建立校企共建基地。学校和企业可以共同建立校企合作基地，为教师提供实践教学场所。在这些基地中，教师可以参与企业的实际工作，了解企业需求，提高自己的实践能力。第二种，联合举办教师培训班。学校和企业可以联合举办教师培训班，共同制定培训课程和培训内容。这样的培训班可以帮助教师更新知识、提高技能，培养教师的实践能力和创新精神。第三种，设立校企合作实习项目。学校和企业可以共同设立实习项目，让教师在企业中完成实习任务。这有助于教师在实际工作环境中积累经验，提高实践能力和适应性。第四种，制定共同的培养目标、课程体系和评价标准。学校和企业应加强沟通与合作，共同制定培养目标、课程体系和评价标准，以确保培养出具备高素质、高技能的"双师型"教师。共同制定的培养目标有助于明确教师培训的方向，课程体系有助于保证培训内容的系统性，而评价标准有助于检验培训效果，确保教师达到预期的培养目标。第五种，定期进行交流与反馈。学校和企业应定期组织交流活动，及时分享培训成果和经验教训，为教师培养提供有益的反馈。这有助于双方更好地调整培养策略，提高培养效果。

3. 校企合作培养模式的优势与挑战

校企合作培养模式在培养"双师型"教师方面具有明显优势，但同时也面临一些挑战。一方面校企合作培养模式具有明显优势，其培养内容更加贴近实际，有助于提高教师的实践能力和适应性；可以充分利用企业资源，增强培训效果；有利于培养教师的创新精神和实践能力。另一方面，校企合作培养模式也面临一定的挑战。学校和企业在目标、资源、管理等方面可能存在差异，需要双方共同努力加强协调与合作；培养过程中可能存在知识体系与实际需求的脱节，需要不断调整课程体系，以提高培训质量；如何确保教师在实践中充分发挥自己的专业素养，以满足企业和社会的需求，是一个需要关注的问题。

（三）自主成长模式

自主成长模式是一种倡导教师自我学习、自我反思和自我调整的教育理念，要求教师在日常工作中不断提高自己的教育教学能力和专业素养。在这一模式下，教师主动寻求个人成长的机会和路径，通过阅读、研讨、培训、交流等多种方式，不断丰富自己的知识储备和教育经验，以适应快速发展的社会环境和教育需求。自主成长模式有助于培养教师的终身学习观念和教育创新精神，提高教师的自主学习能力和自我管理能力。

首先，自主成长模式要求教师具备较强的自主学习能力。在教育领域，知识的更新速度非常快，这就要求教师具有持续学习和不断完善自己的能力。教师可以通过阅读相关书籍、学术期刊、报纸杂志等方式，获取教育教学理论、教育政策法规、教育前沿动态等各类知识。此外，教师还可以利用网络资源进行在线学习，如参加线上课程、观看教育视频、阅读电子书籍等，从而不断拓宽自己的知识面和视野。其次，自主成长模式强调教师自我反思的重要性。教师应该在教学实践中，不断总结经验，发现自己在教育教学过程中的不足之处，从而进行自我调整和改进。这可以通过撰写教学反思日记、与同事、学生和家长沟通交流等方式进行。教师还可以参加校内外的教学观摩活动，向其他教师学习优秀的教育教学方法，提升自己的教育教学水平。再次，自主成长模式要求教师具备较强的自我管理能力。教师需要合理安排工作和学习的时间，为自己的成长创造良好的条件。课余时间，教师可以参加各类专业培训课程，提高自己的专业素养；加入教育研讨会、教师交流平台，与同行分享经验、取长补短；关注教育前沿动态，紧跟时代发展，不断刷新自己的教育理念和教学方法。此外，教师还需要关注自身的心理健康，保持良好的心态，调整工作压力，确保自己在教育教学工作中保持高效和积极的状态。最后，自主成长模式鼓励教师培养教育创新精神。在教育实践中，教师应当勇于尝试新的教育教学方法和技巧，以激发学生的学习兴趣和积极性。教师可以参与教育科研项目，开展课题研究，将研究成果应用于教学实践。同时，教师还可以关注国内外的教育创新案例，学习借鉴成功的经验，将其融入到自己的教育教学工作中。

四、"双师型"教师队伍建设的具体措施

"双师型"教师是指具备教育教学能力和科研能力的教师，这类教师可以为学生提供更加全面、优质的教育。为了推动"双师型"教师队伍的建设，

可以采取以下具体措施（见图 5-11）。

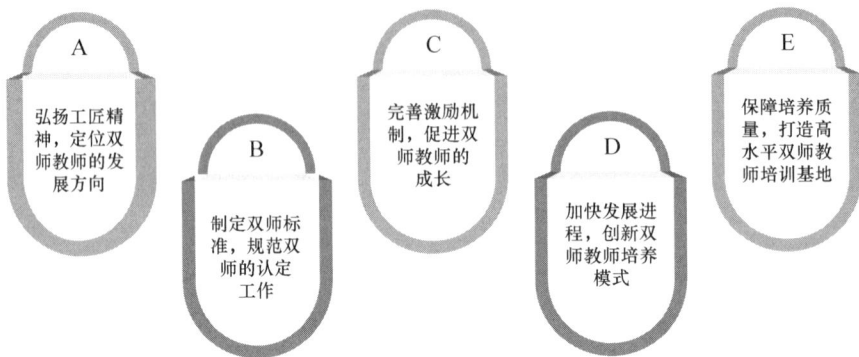

图 5-11 "双师型"教师队伍建设的具体措施

（一）弘扬工匠精神，定位双师教师的发展方向

在教师队伍中大力弘扬工匠精神，既是培养高素质技术技能人才的需要，也是找准教师自身发展定位的需要①。高职教学管理中双师队伍建设要积极弘扬工匠精神，认识"双师型"教师的基本特征，领悟工匠精神的内涵并积极践行，以锲而不舍、精益求精的精神投入到教学和科研工作中。结合产业发展的需要和学校发展战略，找准自身定位和发展方向，坚定信念，制定好个人职业发展规划。此外，要积极走出校门，了解和收集专业前沿的新情况、新技术和新动态，多向一线技术技能专家请教和学习，提高自身业务水平和技术技能能力。

（二）制定双师标准，规范双师的认定工作

学校要组织相关专业人员、教育专家和行业企业专家等成立课题研究组，强化工匠精神的培育和"双师"核心内涵的研究工作，制定出"双师"标准，引导"双师型"教师的明确发展方向，切实促进教学水平和实践能力的提升。

---

① 赵祉文. 以"工匠"精神推动青年教师成长 [J]. 人民教育，2016（15）：65-67.

要制定出双师认定的细则，使双师认定工作进一步规范化。认定细则主要从认定条件、认定程序、认定时间、认定方法等方面着手，建立双师认定的常态工作机制和动态机制，提高双师教师的含金量。

（三）完善激励机制，促进双师教师的成长

完善的激励机制能够推动"双师型"教师成长的内在动力，能够促进教师个性发展、个人实践知识的构建和专业化发展，要积极完善双师激励制度，引导教师做好职业生涯规划工作，促进双师教师的健康成长。一方面，学校要针对不同成长阶段、不同成功类型的双师教师制定不同的激励机制，采用外在监督的形式促进双师教师的成长发展。另一方面，学校需要采用以经济待遇、心理情感等内化能动机制的激励措施，提高教师参与双师培养的自觉性和积极性，落实好实践制度，鼓励教师走进企业参加实践培训，为教师的成长和长期发展提供保障。

（四）加快发展进程，创新双师教师培养模式

高职教学管理中要结合本校实际情况以及不同阶段教师的发展水平，制定好双师教师的培养目标，在目标的指引下，进一步探索双师教师培养的有效途径，加快双师教师培养的进程。要勇于创新双师教师培养的模式，除了传统培养模式，还可以通过自学自练、竞赛指导等途径来进一步提高双师教师的实践能力和操作分析能力。此外，应注重教师的职业道德修养培育，使双师教师既能做到遵守教师职业道德规范，又能自觉遵守相关行业的道德规范，充分发挥在教学中对学生的言传身教作用。

（五）保障培养质量，打造高水平双师教师培训基地

双师教师培训基地能够促进教师职业专门化的培养，提高双师教师培养的质量，实现促进教师个人发展、构建终身学习机制、建设学习型社会的需要。高水平双师培训基地的打造需要结合相关专业情况对现有各类教师培养

培训基地进行调整，定期轮转。对部分培训资源缺乏的地区，经地方申报，建立临近区域协作、送教上门等培训机制。加强培训资源建设的动态更新、调剂共享，满足教师需求。此外，要鼓励企业将培养双师教师作为承担社会责任的重要内容，组织教师到相关企业了解新材料、新标准、新工艺和新技术，发动教师积极参与到企业技术革新和产品研发中去，为企业转型升级提供智力支撑。

第六章 高职理论课程教学的开展

第一节 高职理论课程教学概述

高职教学管理中理论课程教学发挥着基础和奠基的重要作用，只有在对理论知识掌握的基础上，才能够进一步形成对技术技能的掌握和理解。下面对高职理论课程教学进行简单介绍。

一、高职理论课程教学过程阐释

高职理论课程开展过程一般分为激发学习动机阶段、感知知识阶段、理解知识阶段、巩固知识阶段、运用知识阶段和评价知识效果阶段等六个阶段，具体如下（见图 6-1）。

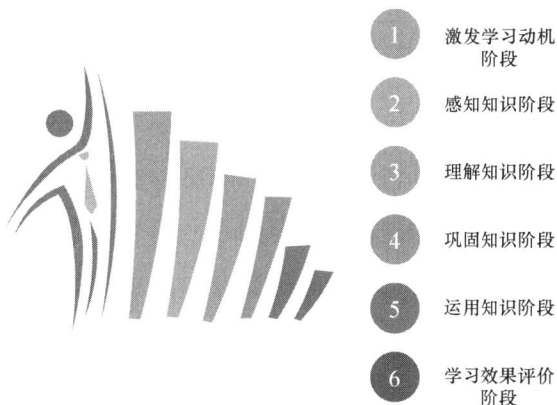

1 激发学习动机阶段

2 感知知识阶段

3 理解知识阶段

4 巩固知识阶段

5 运用知识阶段

6 学习效果评价阶段

图 6-1 高职理论课程教学的过程

（一）激发学习动机阶段

学习动机是指引发和维持学生的学习行为，并使之指向一定学业目标的一种动力倾向[①]。学习动机的激发需要在一定的教学情境下，教师利用一定的诱因，使学生潜在的学习需要变为行动，形成学生的学习活动与教师的教学活动的协同状态。在高职理论课程教学中，教师要充分激发学生的学习动机，使学生潜在的学习愿望变为主动学习的行为。激发学生学习动机的方法有很多，教师理论课程教学中需要根据不同的情境、切合实际来采用不同的方式方法，只有这样才能使学生积极主动投入学习并学有成效。此外，教师要注重提高教学的艺术性，以更能为学生接受的形式来呈现教材内容，激发学生学习的兴趣。相同的教学内容经过不同的教学处理会产生完全不同的教学效果。优秀的教师善于利用教学技巧，使教学内容尽可能新颖、生动、有趣，对学生产生强大的吸引力，引发学生学习的兴趣，充分融入课堂教学活动中，从而提高学习能力和学习效果。

（二）感知知识阶段

学生对知识的认知活动是从感知开始的，这种认知活动需要在教师的引导下进行。一般来说，理论课程教学过程中学生的感知主要来源于两种途径：一种是学生通过教学参观、教学实验等活动获得的直接感知；另一种是教师通过语言文字描绘，启发学生对教学内容进行联想，从而形成的间接感知。直接感知可以调动学生多种感官的作用，能使知觉活动成为自觉积极的心理过程，能使感知更完善、更确切，并有利于培养学生的观察力，但教学中的直接感知毕竟是有限的；间接感知虽然也有自身的优势，但由于它不是对现实的直接知觉，所以所引起的表象往往不够真切、完整和稳定。因此，在高职理论课程教学中需要把直接感知和间接感知紧密结合起来，取长补短，互相补充，才能形成真切鲜明、完整的表象，促进学生对知识的感知。

---

① 李婉婷. 浅谈大学教师激发学生学习动机策略[J]. 家教世界（创新阅读），2013（第 8 期）：204-205.

（三）理解知识阶段

理解知识阶段是教学过程中的中心环节，理解的目的在于引导学生将感知材料与教学内容联系起来，在感知认识的基础上进行思维加工，从而形成概念原理，真正认识和把握事物的本质和规律。在理论课程教学中教师需要在此基础上加以引导，学生的认识就会产生飞跃，由对事物的感性认识上升到理性认识。理论课程教学中理解知识包括对教材语言、事物类属关系、事物内部组织结构、事物性质、艺术作品主题思想的理解等等。在此过程中学生的认识水平会呈现出水平不一的特点，这就需要教师积极引导，充分调动学生思维的积极性，运用比较、分析、综合、抽象、概括、系统化的思维方法和归纳、演绎等推理形式来掌握教材中的概念、规律、原理、法则等，认识事物的本质与规律，使学生深刻理解和掌握所学知识。

（四）巩固知识阶段

巩固知识阶段是教学过程中的必要阶段。巩固知识是引导学生将所学的知识形成记忆储存在脑海中，在需要的时候能够迅速呈现出来。学生只有在对知识理解的基础上才能牢牢基础所学的基础知识，顺利吸收新知识。在高职理论课程教学中，学生的学习以书本学习、间接经验的学习为主，缺少亲身体验和实践活动，因此需要学生对所学知识进行及时巩固，加深对知识的记忆。教师要引导学生掌握记忆的技巧和方法，形成良好的记忆品质，提高学生的记忆力，把机械记忆与理解记忆紧密结合起来，达到巩固知识、增强记忆的目的。

（五）运用知识阶段

掌握知识的目的在于对知识的运用，运用知识是将所学的知识用于解决实际问题的过程。在高职理论课程教学过程中，不能单纯依靠对知识的理解，学生只有巩固所学知识，学会对知识的灵活运用，才能通过教学实践活动形成技术、技能，促进学生分析问题、解决问题能力的提高。此外，学生对知识的运用需要通过教学实践活动来实现，学生理解了知识并不等于会运用，牢固地掌握了知识不等于形成了技能、技巧。要使学生对概念、原理、公式的理解和掌握，发展到能够运用于实际，形成技能、技巧，仅仅依靠动脑是不够的，还要引导学生学会动口、动手，进行反复练习与实际操作，通过如完成各种口头或书面作业、实验、实习作业以及参加社会实践活动等形式来实现对知识的运用，形成对知识的迁移能力和创造能力。

（六）学习效果评价阶段

通过学习效果评价对学生知识的掌握和运用情况进行检查和评定是教学过程的必要阶段，也是评价教学质量的重要依据。高职理论课程教学是一项有计划、有目的的活动，在教学活动的开展过程中教学计划的执行情况、学生对所学知识的掌握情况、教学中存在的不足和问题等都需要通过学习效果评价及时反馈出来。教师根据学习效果评价的反馈信息，能够及时调整教学策略，采取相应的措施，促进教学活动的顺利开展。

需要特别说明的是，理论课程教学中的这六个阶段并不是各自孤立存在的，而是一个相互联系、相互促进、相互渗透的有机整体，全面贯穿于整个教学过程之中。教师要根据各学科课程教学的特点、学生接受能力、具体教学任务和教学内容，合理、灵活、创造性地加以安排和运用，从而保证高职理论教学的顺利进行和教学效果的提升。

二、高职理论课程教学的主要特点

高职理论课程是高等职业教育的重要组成部分，具有实用性、创新性、灵活性和综合性等特点，这些特点使得高职理论课程能够更好地满足社会需求、促进学生的全面发展和提高专业技能水平，具体如下（见图6-2）。

图 6-2 高职理论课程教学的主要特点

1. 实用性

高职教育注重培养应用型、技能型的人才，因此理论课程紧密结合专业技能培养，强调实用性和操作性。通过实际案例分析、实验操作、实习实训等教学方式，使学生在理论学习的基础上能够熟练掌握专业技能，提高解决实际问题的能力。此外，实用性还体现在课程内容上，高职理论课程注重与行业发展趋势、技术应用需求相结合，使学生更好地适应社会和行业发展。

2. 创新性

随着科技进步和社会发展，各行各业对人才的需求不断变化，因此高职教育需要不断创新课程内容，培养具有创新精神的人才。高职理论课程注重培养学生的创新意识、实践能力和创新能力，鼓励学生在学习过程中提出新的观点和方法，勇于挑战传统，以适应社会发展的需要。此外，教师在教学过程中也需要不断更新教学方法，提高教学质量，激发学生的学习兴趣和创新潜能。

3. 灵活性

高职教育面向众多行业和领域，每个专业都有其独特的需求和特点。因此，高职理论课程设置需要具有一定的灵活性，以便根据社会需求、行业发展和专业特点进行调整和优化。这种灵活性体现在课程内容的选择、课程体系的构建、教学方法的采用等方面。通过灵活设置课程，既可以满足各个专业的培养目标，又可以适应社会发展的变化，更好地服务于国家和地区的经济发展。

4. 综合性

高职理论课程不仅涵盖了专业基础知识，还包括专业技能和职业素养，注重知识与技能的综合培养。这意味着在课程设计和教学过程中，教师需要关注学生在理论知识、实际技能和职业素养方面的全面发展，帮助学生建立起系统的知识体系，培养其解决复杂问题的能力。综合性还体现在跨学科的学习和实践。高职理论课程鼓励学生跳出专业范畴，学习与自身专业相关的其他学科知识，如管理、市场营销、法律等，从而拓宽知识面，提高综合素质。同时，实践教学环节也要求学生将所学知识运用到实际工作中，培养其跨学科协作和沟通能力。这种跨学科的综合培养有助于学生在未来职业生涯中更好地应对各种挑战，成为行业领军人才。

三、高职理论课程教学的基本要求

高职理论课程是高职教育培养高技能人才的根本和基础，在高职高技能人才培养目标中是不可或缺的。高职教育不同于本科教育，理论课程教学更不同于本科的课堂教学。高职理论课程的教学应达到如下要求（见图 6-3）。

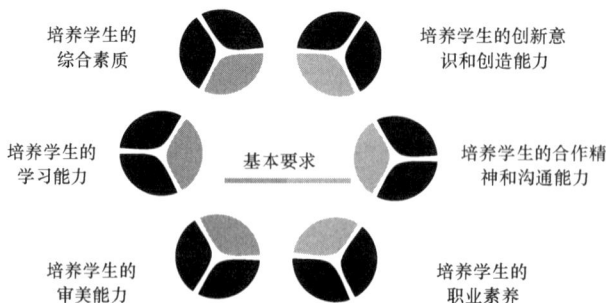

培养学生的综合素质　　培养学生的创新意识和创造能力

培养学生的学习能力　　基本要求　　培养学生的合作精神和沟通能力

培养学生的审美能力　　培养学生的职业素养

图 6-3　高职理论课程教学的基本要求

（一）培养学生的综合素质

高职理论课程注重培养学生的综合素质，以满足社会和行业对专业人才的需求。综合素质包括专业知识、实际技能、团队协作、领导力、道德品质等多方面。为了提高学生的综合素质，教师应充分挖掘课程内容的潜力，将理论知识与实际操作相结合，让学生在掌握专业知识的同时，增强实际操作能力。此外，教师还需要关注学生的团队协作能力、领导力和道德品质的培养，通过课堂讨论、小组合作等形式，提高学生的人际沟通能力和团队合作精神。

（二）培养学生的学习能力

随着科学技术的飞速发展，知识更迭不断加快，对人们的知识结构和学习能力要求越来越高。这就要求高等职业院校职业课程教学必须注重学生学习能力的培养，不断更新学生的知识结构体系，培养其自主学习、创新学习、全面学习、终身学习的能力。

1. 自主学习能力

培养学生自主学习能力是高等职业理论课程教学的主要目的之一，也是社会发展的客观需要。高等职业理论课程教学要以学生为主体，从多方面进行引导，培养学生的主动性、独立性和自觉性，促进学生的自我成长和自我发展。（1）教师在理论课程教学中要充分调动学生的学习热情，促使其形成强烈的学习动机，使学生全副身心投入到学习中，由被动接受变为主动学习、愿意学习、快乐学习。（2）教师在理论课程教学中要强化对学生学习方法的指导，使学生掌握自主学习的技巧和方法，改善无计划地盲目学习、学习效率低下的状况，达到省时省力，提高学习效率的目的。（3）教师在理论课程教学要还要注重对学生个性的培养，鼓励学生对学习内容、学习方式和学习方法进行自主选择，在自主学习过程中发展自己的优势和特长。教师要充分尊重学生的个性，并为学生的个性提升提供有利的物质条件，最大限度地促进学生个性发展。

2. 创新学习能力

创新学习能力是学生自主学习结构层次中更高一级的层次，高等职业院校理论课程教学中对学生创新学习能力的培养是重要的研究课题，也是时代发展的需要。当今知识经济时代极具活力，是一个充满着机遇和变化的时代。要适应时代发展的要求，不仅要有自主学习、积极储备新知识的能力，而且要具有开拓精神和创新学习的能力。专业基础理论是技术革新的源泉，在高等职业理论课程教学过程中，除了让学生获得某些具体技术知识，更要关注培养学生从无限的知识系统中汲取和提炼所需知识的能力，注重其知识的拓展及创新学习能力的培养。

3. 全面学习能力

当今社会需要不仅仅是专业知识突出的专门型人才，更多是具备多项知识机构和多种能力的全面型人才，这就要求高等职业理论课程教学中要注重学生全面学习能力的培养。教师在引导学生对专业理论知识进行纵深学习的同时，也要注重学生横向知识面的拓展，不仅具备不同学科的知识储备，而且积极促进学生语言能力、思维能力、实践能力、操作能力等多方面能力的学习，促进学生综合素质的提高和全面发展。

4. 终身学习能力

教育者应该是农夫而不是园丁，被教育者应该是一粒生命力旺盛的种子，能够实现生命的传承与持续发展，教育者只需要像农夫一样，兴修水利、疏松土壤；而不是把被教育者当作观赏的植物任人修剪，或者是一张白纸任人涂抹[①]。这句话强调了终身发展能力培养的重要性，说明教育是服务于人终身发展的长期行为。高等职业理论课程教学过程中要特别注重对学生终身

---

① 别敦荣. 一流本科教育应服务于学生的终身发展 [J]. 终身教育研究，2019（2）：3-9.

学习能力的培养。尤其对于高职院校学生而言，终身学习能力能够帮助学生巩固、发展自己的知识结构体系，结合自己的职业生涯规划和职业需求来进行学习，实现从学校教育到社会教育的转变，为以后的职业生涯发展打下坚实的基础。

（三）培养学生的审美能力

在高等职业理论教学中还要重视对学生审美能力的培养，提高学生对自然美、社会美、艺术美的发现能力、感受能力、鉴赏能力和创造能力，树立健康的审美观念和审美情趣，提升审美素养，不断积累和升华对美的体验。学生审美能力的培养应该体现在高等职业教育理论课程各个学科的教学中，教师要充分挖掘各学科教学内容中所蕴含的美育元素，综合运用美育资源提高学生的审美素养。高职学生审美能力的培养有利于扩展其知识面，提高审美修养。通过对美学知识的学习，可以帮助学生掌握审美活动规律，提高审美鉴赏和审美创造的能力，促进各科学生的专业学习和专业工作。

（四）培养学生的创新意识和创造能力

创新意识和创造能力表现为不拘原有的形式、范例、观点，通过自己的智慧动作而形成一种前所未有的观点和创造性的行为。创新意识和创造能力是高职院校理论课程教学中发挥学生的主体作用的核心和灵魂，是学生个性发展中最富有活力的因素。教师在理论课程教学过程中要善于启发学生进行发散式的思考，促进学生对知识的理解和掌握，从而培养学生的创新意识和创新能力，培养其发现问题、分析问题和解决问题的能力。高职理论课程旨在培养具有创新精神和创新能力的应用型人才。为了实现这一目标，教师应关注学生的创新思维、创造性问题解决和创新实践能力的培养。教师可以引导学生深入思考问题，挖掘问题背后的原因和规律，从而培养他们的创新思维。同时，教师要教会学生如何运用创造性思维解决实际问题，以提高他们的创新实践能力。此外，教师还可以组织创新实践活动，如创意设计、科技创新竞赛等，激发学生的创新热情，培养他们在实践中不断创新的能力。

（五）培养学生的合作精神和沟通能力

在现代社会，合作精神和沟通能力对于职业发展至关重要。高职理论课程教学应注重培养学生的这两方面能力。教师可以通过设计合作性的课程任务，让学生在小组合作中学会相互支持、共同解决问题。同时，教师要引导学生养成良好的沟通习惯，学会倾听、表达和理解，提高沟通效果。此外，教师还可以组织课堂讨论、辩论、演讲等活动，以提高学生的口头表达能力和语言组织能力，从而提升他们的沟通水平。

（六）培养学生的职业素养

职业素养是衡量一个人在职场中表现的重要标准，包括职业道德、职业心态、职业行为等方面。高职理论课程教学应关注学生职业素养的培养，帮助他们树立正确的职业观念，形成良好的职业习惯。为此，教师应在课程中穿插职业素养的培训内容，讲解职业道德的基本原则，引导学生树立正确的职业价值观。同时，教师要关注学生的职业心态和职业行为，教育他们如何面对挑战和压力，如何正确处理人际关系，如何保持良好的职业形象等。

四、高职理论课程与实践课程的关系

高职理论课程与实践课程密切相关，二者相辅相成，共同完成高职教育的任务。高职理论课程为实践课程提供理论基础，实践课程则帮助学生将理论知识应用于实际操作中。具体体现在以下几点：其一，理论指导实践。高职理论课程为实践课程提供理论支持，使学生在实践中能够运用所学知识解决实际问题。其二，实践检验理论。实践课程使学生将所学理论知识付诸实

践，检验理论的正确性和可行性，有助于学生加深对理论知识的理解。其三，
实践促进理论创新。实践课程中的实际问题往往需要学生运用理论知识进行
创新，有利于学生培养创新精神和创新能力。其四，理论与实践相结合：高
职教育注重理论与实践相结合，通过实践课程的设置，使学生在理论学习的
基础上掌握实际操作技能，提高学生的综合素质。

第二节　高职理论课程体系的构建

高职理论课程体系的构建是高职教育质量的重要保障之一。高职理论课
程体系的构建可以提高教学效率和教学质量，为高职教育的发展提供坚实的
基础。因此，高职理论课程体系的构建具有重要的意义和价值。

一、高职理论课程体系构建的原则

高职理论课程体系的构建是一个复杂而重要的过程，需要遵循以下原则
（见图 6-4）。

图 6-4　高职理论课程体系构建的原则

（一）满足行业需求

高职理论课程体系构建应结合所服务行业的实际需求，确保课程体系
与行业发展趋势相匹配，以提高毕业生的就业竞争力。为了实现这一目标，

高职院校应与企业、行业协会等紧密合作，共同研究行业的发展趋势和用人单位对人才的需求。同时，学校可以通过建立校企合作实训基地、组织企业实地考察、邀请企业专家讲座等方式，使课程体系与行业实际更加贴合。此外，高职院校还应定期对课程体系进行评估和调整，以适应行业发展的变化。

（二）突出职业技能培训

高职教育的核心目标是培养学生具备一定职业技能的应用型人才，因此理论课程构建应强调职业技能培训的重要性。在课程设置中，应充分考虑专业技能的实际应用，注重培养学生的动手能力和实践能力。具体措施包括设置实践课程、课程设计、实习实训等环节，结合实际操作，让学生在学习过程中掌握专业技能。同时，教学方法也应注重培养学生的问题解决能力、团队协作能力和创新能力，以适应职场的实际需求。

（三）注重学科基础

高职理论课程构建应保证学生能够掌握所学专业领域的基本理论知识，为其后续职业发展奠定基础。在课程设置中，应为学生提供充分的理论知识学习机会，涵盖专业的基本理论和关键技术。此外，针对学生的知识结构，学校还应设置一定比例的基础课程，如数学、物理、化学等，以培养学生的基本素质和学科素养。为了使学生更好地理解和运用所学知识，教师在教学过程中应采用生动形象的教学方法，将理论知识与实际案例相结合，帮助学生形成较为系统的知识体系。

（四）融合通识教育

高职理论课程体系应将通识教育融入专业课程中，使学生在掌握专业技能的同时，拓展知识面，提高综合素质。通识教育课程应涵盖人文素养、社会科学、自然科学、艺术等领域，使学生具备批判性思维、创新意识和人际交往能力等基本素质。在课程设置上，高职院校可通过设置选修课、专题讲座等形式，为学生提供丰富的通识教育选择。同时，学校应关注通识教育课程的质量，选拔优秀教师负责教学，采用生动有趣的教学方式，激发学生的学习兴趣。

二、高职理论课程体系的结构层次划分

通过对高职理论课程体系的结构层次划分，可以使课程体系更加合理和科学，有利于培养学生的综合素质和专业技能，提高毕业生的就业竞争力和发展潜力。高职理论课程体系结构设计可分为以下四个层次（见图 6-5）。

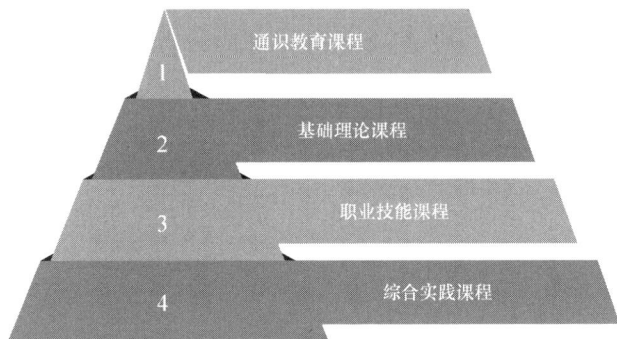

图 6-5　高职理论课程体系的机构层次划分

第一层次，通识教育课程：涵盖人文素养、科学素养、艺术素养等方面的内容，旨在拓宽学生的知识面，提高综合素质。通识教育课程作为高职教育的基础，培养学生具备批判性思维、创新意识、人际交往能力等基本素质。在课程设置上，应注重跨学科的整合，使学生在掌握专业技能的同时，也能够了解其他领域的知识。此外，通过提供选修课、开设专题讲座等方式，增加学生的学习选择，激发学生的学习兴趣。通识教育课程应关注培养学生的社会责任感、道德修养和文化素养，使学生具备全面的人文素质，为未来职业生涯奠定坚实基础。

第二层次，基础理论课程：针对不同专业领域，设置专业基础理论课程，使学生掌握所学领域的基本知识体系。基础理论课程包括通用基础课程和专业基础课程。通用基础课程涉及数学、物理、化学等基本学科，为学生提供学科思维和分析方法。专业基础课程则针对专业领域的核心理论和关键技术，使学生具备专业知识体系的基本框架。基础理论课程的设置应注重理论联系实际，将学生的实际经验与理论知识相结合，使学生在学习过程中形成系统化的认知结构。此外，基础理论课程还应关注培养学生的创新精神和创新能力，为学生提供新的知识视野和思维方式。

第三层次，职业技能课程：以实际工作需求为导向，设置职业技能课程，培养学生的实际操作能力和实践经验。职业技能课程注重学生的动手能力、实践能力和解决问题的能力，使学生能够在实际工作中运用所学知识和技能。在课程设置上，应结合行业发展趋势和企业需求，设置相关技能课程。具体措施包括设置实践教学环节、与企业合作开设双元课程、引入行业专家举办讲座等。职业技能课程应根据不同专业的特点，设定实践教学内容和实践场景，确保学生能够在专业领域内掌握一定的实际操作能力。此外，职业技能课程还应关注培养学生的团队协作能力、沟通能力和职业素养，使学生在进入职场后能够迅速适应并胜任工作。

第四层次，综合实践课程：通过项目实训、实习实践等方式，使学生在实际工作环境中应用所学知识和技能，提高综合素质和职业能力。综合实践课程是对前三个层次课程的知识和技能的综合运用，旨在提升学生的实践能力和综合素质。在课程设置上，应注重学生的实际操作和实践体验，以任务驱动、项目导向的方式组织教学，使学生在完成实际任务的过程中，学会分析问题、解决问题、承担责任和自主学习。综合实践课程应关注学生的实习安排和实习质量，与企业合作共建实训基地，提供良好的实习环境和实习指导，确保学生在实习过程中能够将所学知识和技能与实际工作相结合，提高职业能力。

三、高职理论课程内容的开发与更新

（一）高职理论课程内容的开发

高职理论课程内容的开发，是培养高素质应用型人才的重要手段，高职理论课程内容开发过程中要注意以下几个方面（见图6-6）。

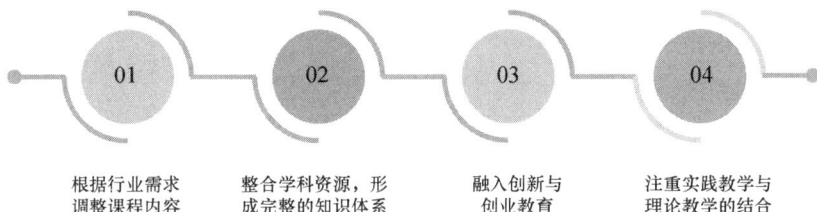

图6-6　高职理论课程内容的开发

1. 根据行业需求调整课程内容

高职教育的核心目标是为社会和行业培养具有一定职业技能的应用型人才。因此，高职理论课程内容的开发应紧密结合行业的实际需求，以提高毕业生的就业竞争力。通过对行业发展趋势和岗位需求的调查分析，明确课程设置的目标和方向，针对不同的专业领域设置相应的理论课程，使课程内容更加贴近实际，满足社会和行业的需求。例如，在电子商务专业中，应重点关注电子商务平台的建设与运营、电子商务支付与安全等内容，以满足企业对电子商务人才的需求。

2. 整合学科资源，形成完整的知识体系

在高职教育中，各个理论课程之间往往存在一定的关联性，这就需要高职教育在课程开发中注重整合学科资源，构建完整的知识体系。这种知识体系的构建可以将不同学科之间的知识有机整合起来，从而为学生提供一个更为丰富多样的学习环境，帮助他们更好地拓宽知识面，提高综合素质。

首先，知识体系的构建有助于促进学科之间的交流与融合。在高职理论课程的课程设计中，不同学科之间的知识往往存在一定的关联性。通过将不同学科之间的知识有机整合起来，有助于促进不同学科之间的交流与融合。比如，在计算机科学与技术专业中，课程中涉及的计算机组成原理、计算机网络、操作系统、编译原理等课程相互关联，如果将这些课程的知识有机整合起来，可以帮助学生更好地理解计算机科学与技术这一领域的知识。其次，知识体系的构建有助于提高学生的综合素质。高职理论课程内容的整合，有助于培养学生的综合素质，包括语言表达能力、文化素养、批判性思维能力、创新能力等。例如，在商务英语专业中，将英语语言学、英美文化、国际贸易、市场营销等课程有机整合起来，可以帮助学生更好地掌握商务英语相关的知识，提高他们的英语水平和跨文化交际能力，同时也有助于培养他们的市场营销和国际贸易方面的专业素养。最后，知识体系的构建可以提高教学效果。知识体系的构建可以使教师在教学过程中更好地把握课程脉络，设计更为合理的教学方案，提高教学效果。同时，学生在学习过程中可以更好地理解知识点之间的关系，减少知识点的孤立性，提高学习的连贯性和深度。

3. 融入创新与创业教育

高职理论课程内容的开发应融入创新与创业教育，培养学生的创新精神和创业能力。通过开设创新与创业相关课程、组织创新实践活动等方式，使学生在掌握专业技能的同时，具备创新创业的意识和能力。高职理论课程应该开设创新与创业相关课程。通过开设这些课程，可以为学生提供相关的知识和理论基础，帮助他们理解创新和创业的本质和意义。例如，在互联网应用技术专业中，可以开设创新创业管理、创新创业实践、创业融资等相关课程，帮助学生全面了解创新和创业的相关知识。高职理论课程应该组织创新实践活动。通过组织这些实践活动，可以帮助学生了解创新和创业的实践操作，培养他们的创新精神和创业能力。例如，在互联网应用技术专业中，可以组织学生开展创新项目、参加创新大赛等活动，以此培养学生的创新思维和实践能力。此外，高职理论课程也可以通过其他方式来融入创新与创业教育。例如，可以邀请创业企业家来给学生讲课，分享他们的创业经验和故事。还可以组织学生参观一些成功的创新企业，让他们深入了解创新和创业的实际操作。

4. 注重实践教学与理论教学的结合

高职理论课程内容的开发应注重实践教学与理论教学的结合。以实际案例为载体，将实际工作中的问题引入课堂，使学生在理论学习的基础上，具备较强的实践能力和解决实际问题的能力。在高职教育中，实践教学与理论教学的结合是非常重要的一环。理论教学是提供学生基础知识和概念的重要手段，而实践教学是将学生所学应用到实际操作和解决实际问题的关键。因此，实践教学与理论教学的结合是高职教育中重要的一环，也是提高学生综合素质的关键。首先，注重实践教学与理论教学的结合可以提高学生的学习兴趣。在学习过程中，学生更容易对与自己生活和实际工作相关的问题产生兴趣。实践教学将所学知识应用于实际操作中，可以让学生更好地理解和掌握课程知识，提高学生的学习兴趣。其次，注重实践教学与理论教学的结合可以提高学生的实践能力。在实践教学中，学生不仅可以应用所学知识解决实际问题，还可以锻炼自己的实践能力和创新能力。实践能力是学生成为一名优秀职业人才的重要能力之一，只有实践能力才能使学生更好地适应实际工作中的需求。再次，注重实践教学与理论教学的结合可以提高学生的综合素质。实践教学能够让学生更好地了解社会和行业的实际情况，增强学生的社会责任感和创新精神，从而提高学生的综合素质和职业能力。在实践过程中，学生将理论知识应用于实际操作，不断探索和创新，从而提高自己的综合素质。

（二）高职理论课程内容的更新

高职理论课程内容的更新是保持课程活力、与时俱进的重要手段。课程内容的更新应从以下几个方面进行（见图6-7）。

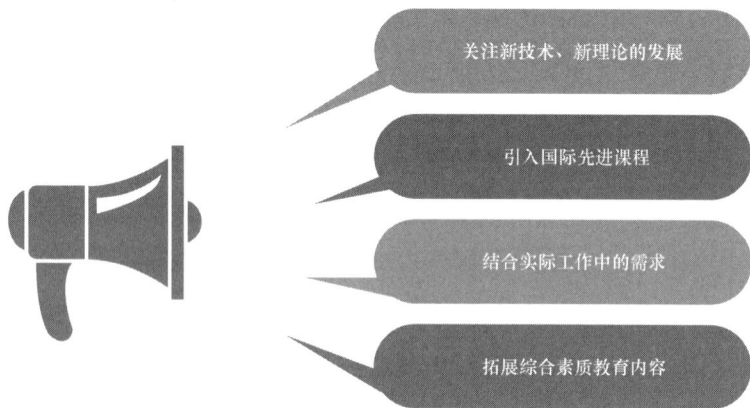

图6-7　高职理论课程内容的更新

1. 关注新技术、新理论的发展

随着科技的飞速发展，新技术和新理论不断涌现，应用于实际工作中。高职理论课程内容的更新应关注这些新技术和新理论的发展，以满足学生的学习需求。例如，在计算机应用技术专业中，应关注最新的计算机技术和编程语言，以更新计算机应用技术课程的内容。在信息技术专业中，应关注云计算、大数据、人工智能等前沿技术，以更新信息技术相关课程的内容。在新能源专业中，应关注新型能源技术和智能电网等，以更新新能源技术相关课程的内容。

2. 引入国际先进课程

随着国际化进程的不断加快，高职教育也应逐步引入国际先进的课程内容，以提高学生的全球视野和竞争力。例如，在旅游管理专业中，应引入国际旅游管理课程，使学生了解国际旅游业的发展动态和经营管理模式，提高其国际化视野和跨文化交际能力。在国际贸易专业中，应引入国际贸易实务、国际商法等课程，以培养学生的国际贸易知识和国际业务能力。在工商管理专业中，应引入国际企业管理、国际营销等课程，以培养学生的跨文化管理能力和全球视野。在引入国际先进课程方面，高职教育应该注重选取符合本国国情和行业发展的国际课程。不同国家的教育体系和职业发展模式有所不同，因此在引入国际课程时需要有所选择和筛选。选择符合本国实际需求和行业特点的国际课程，既能满足学生的学习需求，又能提高其在全球化竞争中的竞争力。例如，在工程技术专业中，可以引入德国工程教育模式和课程体系，以借鉴德国工程教育的优秀经验和理念，为我国工程技术人才的培养提供借鉴和参考。

3. 结合实际工作中的需求

高职理论课程内容的更新应结合实际工作中的需求，了解企业对人才的要求，针对性地更新课程内容。例如，在工业设计专业中，应结合实际工作中的需求，更新产品设计、工业设计等相关课程的内容，以满足企业对工业设计人才的需求。在电子信息工程专业中，应结合行业的需求，更新通信原理、数字信号处理等相关课程的内容，以满足企业对电子信息工程人才的要求。高职教育是以培养应用型人才为目标的，因此其课程内容必须与实际工作相结合，贴近行业需求。随着时代的变化和科技的不断进步，各行各业的需求也在不断变化，高职教育必须及时调整课程内容，使之符合实际工作中的需求。

为了更好地结合实际工作中的需求，高职教育应该开展与企业的合作，了解企业对人才的要求和行业的发展趋势。可以通过企业调研、校企合作、实习实训等方式，了解企业对人才的要求和行业的发展趋势，为课程内容的更新提供指导和支持。例如，在工业设计专业中，应根据企业的实际需求更新产品设计、工业设计等相关课程的内容。工业设计是一个应用广泛的专业，其课程内容应该紧跟行业的发展趋势和需求，更新相关的知识和技能，以满足企业对工业设计人才的要求。同时，应该开展校企合作和实习实训等活动，使学生能够在实际工作中接触到最新的工业设计技术和应用，提高他们的实际工作能力和竞争力。在电子信息工程专业中，应结合行业的需求，更新通信原理、数字信号处理等相关课程的内容，以满足企业对电子信息工程人才的要求。电子信息工程是一个涉及多个学科的综合性专业，其课程内容应该紧跟行业发展趋势，更新相关的知识和技能，以满足企业对电子信息工程人才的需求。通过与企业的合作，可以了解企业的实际需求，针对性地更新课程内容，提高学生的实际工作能力和就业竞争力。

4. 拓展综合素质教育内容

高职理论课程内容的更新应拓展综合素质教育内容。除了职业技能的培养，高职教育还应注重培养学生的综合素质，包括社会责任感、创新精神、团队协作能力等。随着社会的发展，职业教育已经成为人才培养的重要途径之一，尤其是高等职业教育，作为培养高素质技术人才的重要渠道之一，承担着培养复合型人才的重要任务。高职理论课程作为职业教育的重要组成部分，不仅需要关注学生的职业技能培养，还需要注重综合素质教育的拓展，包括社会责任感、创新精神、团队协作能力等方面。社会责任感是指一个人对社会和环境的责任意识和行动能力，是人们在社会交往中表现出来的一种良好品质。在高职理论课程中，应该引导学生树立起自己的社会责任感，了解企业的社会责任，掌握相关的法律法规和规范，积极参与到社会实践中，培养出负责任、有担当、具有社会责任感的职业素养。创新精神是现代社会对人才的基本要求之一。高职教育应注重培养学生的创新精神，激发其创新意识和创新能力。在高职理论课程中，可以引入相关的课程内容，如创新管理、创业思维等，让学生了解创新的重要性和创新的方法。同时，可以通过创新实践活动等方式，让学生将理论知识应用到实践中，增强其创新能力。现代社会对团队协作能力的要求越来越高，这也要求高职教育应注重培养学生的团队协作能力。在高职理论课程中，可以引入相关的课程内容，如团队管理、团队建设等，让学生了解团队协作的重要性和团队协作的方法。同时，可以通过团队实践活动等方式，让学生在团队中合作完成任务，增强其团队协作能力。

四、理论课程资源的整合与共享

随着高职教育的不断发展，理论课程教学资源整合与共享已经成为高职教育发展的必然趋势。理论课程教学资源整合与共享是指将高职院校的各种理论课程教学资源进行整合和共享，以提高教学质量和效率。

（一）高职理论课程教学资源整合与共享的优势

1. 提高教学质量和效率

通过整合和共享教学资源，可以提高教学质量和效率。教师可以在教学过程中充分利用各种教学资源，为学生提供更为全面和深入的教学服务，同时也可以提高自己的教学水平和教学效率。

2. 减轻教师教学压力

教师教学工作非常繁琐，需要花费大量时间去准备教学资源。通过整合和共享教学资源，可以减轻教师教学压力，让教师有更多的时间和精力去关注学生的学习情况，提高教学效果和质量。

3. 提高学生学习效率和成果

通过整合和共享教学资源，可以为学生提供更为丰富和优质的教学资源，提高学生学习效率和成果。学生可以通过各种教学资源深入了解和掌握课程知识，提高学习成果和竞争力。

4. 促进教育资源的公平共享

教育资源的公平共享是教育公平的重要体现。通过整合和共享教育资源，可以实现教育资源的公平共享，让更多的学生和教师能够共享教育资源，提高教育质量和效果。

5. 推动教育改革和创新

通过整合和共享教育资源，可以促进教育改革和创新。教育资源的整合和共享可以促进教育资源的高效利用，为教育改革和创新提供基础和支撑。

（二）高职理论课程教学资源的整合

高职理论课程的教学资源非常丰富，包括教学课件、教学视频、教学工具、实验室实验、案例分析、教学反思等多种资源。然而，由于教师教学负担大、教学工作繁琐等原因，这些教学资源无法充分利用，资源闲置浪费的问题也十分突出。因此，高职理论课程教学资源的整合就显得尤为重要。高职理论课程教学资源的整合可以从以下几个方面展开（见图 6-8）。

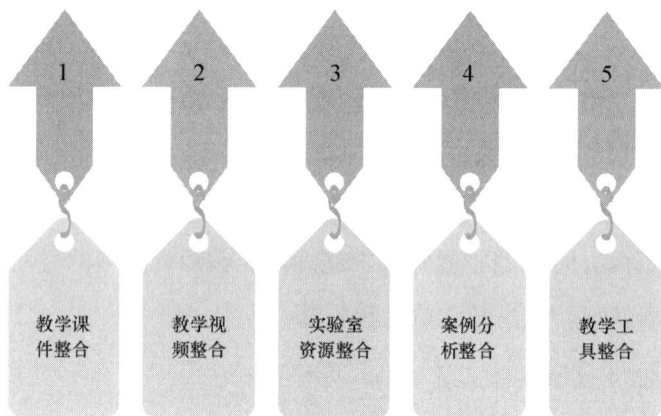

图 6-8　高职理论课程教学资源的整合

1. 教学课件整合

教学课件是教学中必不可少的教学资源，但是由于各个学科的教学课件分散在各个学科的教师手中，难以整合，教学课件的质量也难以得到保证。因此，需要通过教师协作、教学资源共享等方式，将各个学科的教学课件整合到一起，形成一个完整的教学资源库，方便教师和学生使用。

2. 教学视频整合

教学视频可以有效地帮助学生理解和掌握课程知识，但是由于录制教学视频的成本较高，一些学科的教学视频数量较少。因此，需要通过整合各个学科的教学视频，建立起一个集中管理的视频库，方便教师和学生使用。

3. 实验室资源整合

实验室资源是高职理论课程教学中不可或缺的一部分，但是由于实验室资源限制，很多实验室资源无法充分利用。因此，需要通过整合各个学科的实验室资源，建立起一个集中管理的实验室资源库，方便教师和学生使用。

4. 案例分析整合

案例分析是高职理论课程教学中非常重要的一部分，但是由于案例分析资源的限制，很多学科的案例分析资源无法充分利用。因此，需要通过整合各个学科的案例分析资源，建立起一个集中管理的案例分析资源库，方便教师和学生使用。

5. 教学工具整合

教学工具是教学中的重要资源，包括幻灯片制作工具、在线测试工具、学习管理系统等，但是由于教学工具的多样性，学生和教师需要花费大量时间去了解和使用不同的教学工具。因此，需要通过整合各种教学工具，建立起一个集中管理的教学工具库，方便教师和学生使用。

（三）高职理论课程教学资源的共享

高职理论课程教学资源的共享是指在整合的基础上，将教学资源充分利用，让更多的学生和教师可以共享这些资源。高职理论课程教学资源的共享可以从以下几个方面展开：

1. 教师之间的教学资源共享

教师之间可以通过互相分享课件、视频、实验等教学资源，提高教学质量和效率。通过共享教学资源，教师可以借鉴其他学科的教学方法和教学资源，提高自己的教学水平。同时，教师之间的教学资源共享也可以减轻教师教学压力，让教师有更多的时间和精力去关注学生的学习情况。

2. 学校之间的教学资源共享

高职院校之间可以通过共享教学资源，提高教学质量和效率。学校之间可以互相借阅教学资源，如教材、课件、实验室等，还可以进行课程共建和资源共享，让更多的学生和教师共享教学资源，提高教学效果和教学质量。

3. 教学资源库的建设与共享

建立高职理论课程教学资源库是实现教学资源共享的重要手段。教学资源库可以整合各种教学资源，并提供给教师和学生使用。通过教学资源库，教师可以上传和共享自己的教学资源，学生可以通过资源库获取到各种教学资源，包括教学视频、教学课件、实验室实验、案例分析等，提高学生学习效率和成果。

需要注意的是，整合和共享教学资源还面临着诸多挑战，需要各方面共同努力，推动教育资源的整合和共享，促进高职教育的发展和提高。为此，可以采取以下措施：第一，加强教学资源的建设和完善。高职院校应该加强教学资源的建设和完善，特别是对新兴的学科和专业进行教学资源的完善和补充。同时，高职院校应该加强教师的培训和能力提升，提高教师的教学水平和教学素质。第二，建立高效、安全、可靠的教学资源共享平台。高职院校可以建立高效、安全、可靠的教学资源共享平台，为教师和学生提供方便、快捷的教学资源共享服务。同时，平台还需要规范教学资源的版权使用，保护教学资源的知识产权。第三，培养学生的自主学习和管理能力。高职院校可以通过教学资源的整合和共享，培养学生的自主学习和管理能力。学生需要掌握教学资源的使用技巧和方法，了解教学资源的特点和使用规则，提高自己的学习效率和成果。第四，加强高职教育的整体规划和协调。高职教育的整体规划和协调也是整合和共享教学资源的重要问题。高职院校可以加强高职教育的整体规划和协调，制定统一的教学资源共享标准和规范，促进教学资源的共享和交流。

第三节　高职理论课程教学的原则与策略

高职理论课程教学的原则和策略是实现高职教育目标和培养高素质技能型人才的重要途径。以下是高职教学的原则和策略的详细阐述：

一、高职理论课程教学的原则

高职理论课程教学的原则是指教学中需要遵循的基本原则和准则，是保证教学质量和效果的重要保障。高职理论课程教学的原则主要包括以下几个方面（见图6-9）。

图6-9　高职理论课程教学的原则

（一）突出应用导向，注重实践应用

高职理论课程教学的核心目标是培养适应社会发展需求的高素质技能型人才，因此需要突出应用导向，注重实践应用。实践应用是高职教育的重要特点和优势，而理论课程教学应紧密结合实践，充分发挥应用导向的作用。教师应该注重将理论知识与实际应用相结合，帮助学生掌握实践操作技能，提高学生的实践能力。在教学过程中，教师应该根据学生的实际情况和教学

目标，采用不同的教学方法和手段，创造良好的实践应用环境。例如，可以组织实践操作课程、参观实际工作场所、进行实践案例教学、开展实践性课程设计等。通过这些教学手段，可以使学生更好地理解理论知识的实际应用，提高学生的实践能力。

（二）教学内容贴近实际，符合行业需求

高职理论课程教学需要紧密贴近实际，符合行业需求。教学内容应紧密结合行业需求和发展趋势，使学生学到的知识和技能能够符合行业要求，具有实际应用价值。因此，教师应该关注行业发展趋势和需求，了解行业最新的技术和知识，及时更新教学内容。在教学过程中，教师应该注重教学内容的质量和适应性。教学内容应该能够真正反应行业需求和发展趋势，同时要考虑学生的学习能力和接受程度。教师应该通过多种途径获取行业信息和反馈，不断优化教学内容和方法。

（三）师生互动，激发学生学习热情

高职理论课程教学需要师生互动，激发学生学习热情。教师应充分发挥自身的专业知识和经验，与学生积极互动，开展教学讨论和互动，以激发学生的学习热情和学习动力。在教学过程中，教师应该注重师生互动，鼓励学生参与课堂讨论和互动。教师可以提出开放性的问题，鼓励学生发表自己的见解和观点，让学生在课堂上积极参与、发挥自己的主动性和创造性。教师还可以通过一些小组讨论和合作学习的形式，让学生在互动中相互学习、交流和合作，提高学生的合作能力和团队精神。另外，教师在课堂上应该注意语言表达和情感交流，根据学生的不同特点和需求，采取不同的教学方式和手段，让学生在轻松愉悦的氛围中学习和交流。教师还应该关注学生的学习态度和情绪状态，对学生进行及时的指导和帮助，增强学生的自信心和学习兴趣。

二、高职理论课程教学的具体策略

（一）引导学生积极参与课程教学

教师在理论课程教学中应采用多种方法，鼓励学生积极参与。引导学生主动学习，培养他们的自主学习能力和创新能力至关重要，具体如下（见图 6-10）。

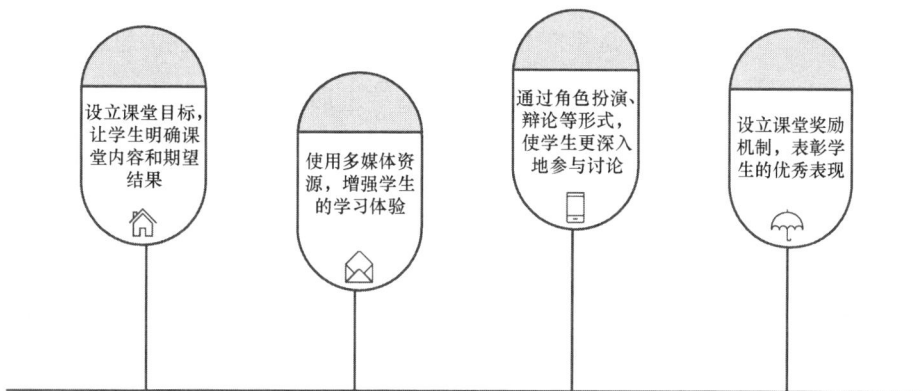

图 6-10　引导学生积极参与理论课程

1. 设立课堂目标，让学生明确课程内容和期望结果

教师在开展教学活动之前，应明确课堂目标，让学生了解课程的内容和预期结果。教师可以与学生一起制定这些目标，从而使学生更加了解课程的重点和难点。同时，明确的课堂目标有助于激发学生的学习兴趣，促使他们积极参与课堂讨论和实践。具体而言，教师可以在课前向学生介绍课程大纲，明确课程涵盖的主题和关键概念，并设置相关的学习任务，以帮助学生理解课程目标。

2. 使用多媒体资源，增强学生的学习体验

多媒体资源可以丰富课堂教学内容，增强学生的学习体验。教师可以利用视频、图像和动画等多媒体资源，直观地展示抽象的概念和复杂的过程，

从而帮助学生更容易地理解和掌握知识。此外，多媒体资源可以激发学生的学习兴趣，提高他们的学习积极性。在教学过程中，教师应注意选择高质量的多媒体资源，并根据学生的学习需求和兴趣进行调整。

3. 通过角色扮演、辩论等形式，让学生更深入地参与讨论

角色扮演和辩论等互动教学形式可以让学生更深入地参与课堂讨论，从而提高他们的学习效果。在进行角色扮演时，学生需要扮演特定角色，站在不同立场思考问题。这样的活动可以锻炼学生的批判性思维能力和沟通技巧。类似地，辩论可以让学生从多个角度分析问题，提高他们的逻辑思维和辩论技巧。在组织这些活动时，教师应注意引导学生提出有力的论据，鼓励他们自由发表观点，并确保课堂氛围活跃和积极。

4. 设立课堂奖励机制，表彰学生的优秀表现

课堂奖励机制是一种有效的激励手段，可以提高学生的学习积极性和成就感。教师可以根据学生在课堂上的表现和进步，设置相应的奖励措施。例如，教师可以表彰在课堂讨论中积极发言的学生、在课堂作业中取得优秀成绩的学生或在团队协作中发挥关键作用的学生。这些奖励可以是学分加分、荣誉证书或者小礼物等形式。通过设立课堂奖励机制，教师可以激发学生的学习兴趣和竞争意识，从而提高他们的学习积极性。

（二）注重案例教学，强化实例分析

案例教学是一种非常有效的教学方法，可以让学生通过实际案例了解和掌握相关的理论知识和实践技能。教师应该注重案例教学，强化实例分析，让学生通过分析和解决实际问题，提高实践能力和创新能力。以下内容将详细论述如何在高职理论课程中注重案例教学，强化实例分析。

1. 选择典型、有代表性的案例

教师在进行案例教学时，应选择典型、有代表性的案例，以便学生能够

更好地理解和掌握相关理论知识和实践技能。典型案例可以帮助学生形成对某一问题或现象的整体认识，有助于提高学生的分析能力和判断力。在选择案例时，教师需要充分了解学生的学习需求和兴趣，确保所选案例与课程内容紧密相关，具有一定的实际意义。

2. 引导学生深入剖析案例

在案例教学中，教师应引导学生深入剖析案例背后的原因和规律。教师可以通过提问、讨论等方式，帮助学生理解案例中涉及的关键概念和原理。此外，教师还应鼓励学生从多个角度分析案例，挖掘案例中隐藏的问题和挑战，从而提高学生的实践能力和创新能力。

3. 通过对案例的讨论、分析和解决，加深对理论知识的理解

在案例教学过程中，教师应组织学生对案例进行讨论、分析和解决。通过这种方式，学生可以将所学理论知识应用于解决实际问题，从而加深对理论知识的理解。同时，教师应关注学生在讨论过程中的表现，给予适时的引导和反馈，以促使学生形成正确的思考方式和解决问题的方法。

4. 鼓励学生收集和整理实际生活中的案例

教师还可以鼓励学生收集和整理实际生活中的案例，将课堂知识应用于解决实际问题。这种方式不仅有助于提高学生的实践能力和创新能力，还可以培养学生的主动学习精神和独立思考能力。为了激发学生的学习兴趣，教师可以设计相关的课程项目，让学生在完成项目过程中收集和整理实际生活中的案例。同时，教师应关注学生在项目实施过程中遇到的困难和问题，提供必要的指导和支持。

5. 整合案例教学与其他教学方法

为了提高案例教学的效果，教师可以将其与其他教学方法相结合，如讲授、讨论、实验等。通过多种教学方式的整合，教师可以帮助学生更全面地理解和掌握相关的理论知识和实践技能。此外，教师还应关注学生在不同教

学环节中的表现，及时调整教学策略，以满足学生的个性化学习需求。

6. 反思和总结案例教学经验

案例教学过程中，教师应不断反思和总结自己的教学经验，以便更好地指导学生学习。教师可以定期对案例教学进行评估，了解学生对案例的理解程度、分析能力和解决问题的能力等方面的表现。通过对教学过程的反思和总结，教师可以不断优化教学方法，提高教学质量。

（三）建立合作学习机制，促进团队协作

合作学习机制在高职教育中发挥着举足轻重的作用，它有助于培养学生之间的团队协作、合作学习，从而提高学生的实践能力和创新能力。在现代社会，团队协作和创新能力已成为评价一个人综合素质的重要标准。因此，教师应将合作学习机制贯穿于教学过程中，让学生在互动交流中不断成长和进步。在实施合作学习机制时，教师可采用多种教学策略。其中，小组讨论和项目驱动是非常有效的教学方法。小组讨论可以让学生在团队中相互交流、分享知识和经验，共同解决问题。这种教学方式有助于培养学生的团队协作能力、沟通能力和批判性思维能力。同时，项目驱动教学可以激发学生的学习兴趣，培养他们的实践能力和创新能力。通过实际项目的完成，学生能够将理论知识与实践相结合，从而更好地理解知识和技能。在团队协作过程中，学生可以学会许多重要技能，如相互支持、分享资源、分工合作等。这些技能不仅有助于提高学生的团队协作能力，还能培养他们的责任感和自我管理能力。通过合作解决问题，学生能够学会倾听他人的意见，调整自己的观点，从而培养批判性思维能力。此外，团队合作还有助于学生建立良好的人际关系，为他们未来的职业生涯奠定基础。

为了更好地实施合作学习机制，教师还应关注以下几个方面：首先，教师应明确合作学习的目标，让学生清楚地知道合作学习的重要性和价值。其次，教师应为学生创造良好的学习氛围，鼓励他们积极参与合作学习，分享

知识和经验。此外，教师还应对学生的合作学习过程和成果进行评估和反馈，帮助他们了解自己的优点和不足，促使他们在今后的学习中不断改进。

（四）全面评估学生学习情况，精细化教学管理

全面评估学生学习情况和精细化教学管理是提高高职教育质量的关键。教师应根据学生的学习需求、特点和成长情况，进行有针对性的教学设计和管理。在教学过程中，教师应全面掌握学生的学习状况，对其进行个性化指导，确保每个学生都能得到充分发展。

首先，教师应全面了解学生的学习需求和特点。通过课堂观察、学生反馈和学业成绩等途径，教师可以掌握学生的学习进度、知识掌握情况和学习困难。在了解学生的基础上，教师可以针对性地设计教学计划和教学方法，提高教学针对性和有效性。其次，教师应采用多种评估方式全面评估学生的学习情况。学业成绩、课堂表现、实践操作等评估方法可以帮助教师了解学生在不同方面的表现。教师还可以通过定期的考核和评估，发现学生的优点和不足，为他们提供针对性的指导和帮助。这种多维度、全面的评估方式有助于教师更好地了解学生，进而调整教学策略，确保教学质量和效果。教师还应关注学生的心理健康。在教学过程中，教师应注意观察学生的情绪变化，及时发现潜在的心理问题。对于有心理困扰的学生，教师应给予关心和支持，帮助他们建立自信，增强心理承受能力。同时，教师还可以引导学生进行心理调适，教授他们应对压力和挫折的方法，促使他们在学习和生活中保持良好的心理状态。在精细化教学管理方面，教师应充分运用现代教育技术，提高教学管理的效率和质量。例如，教师可以使用在线教育平台进行课程管理、作业批改和学生互动，从而减轻教学负担，提高教学效果。此外，教师还应注重与家长的沟通与合作，共同关注学生的成长，为他们提供全方位的支持和帮助。与家长保持良好的沟通，有助于及时了解学生在家庭、社会等方面的表现，进一步全面评估学生的发展情况。在教学过程中，教师还应关注培养学生的自主学习能力和终身学习意识。鼓励学生主动探索知识，培养他们

独立思考、解决问题的能力。教师可以设计启发性的课堂活动，引导学生积极参与，培养他们的学习兴趣和动力。同时，教师还应教育学生珍惜时间，养成良好的学习习惯，形成终身学习的观念。

最后，教师应持续关注教育教学领域的最新发展和趋势，不断提升自己的专业素养。通过学术研究、参加培训和交流等方式，教师可以不断丰富自己的教育理念和教学方法，提高教学质量。同时，教师还应具备较高的教育敏感性，善于从学生的反馈和表现中发现问题，及时调整教学策略，确保教学目标的实现。

（五）联系实际问题，提高教学针对性

在教学过程中，教师应关注行业发展和社会变化，紧密结合实际问题开展教学活动，以提高学生的实际操作能力和解决问题的能力。教师应关注行业发展和社会变化，及时更新教学内容。随着科技的进步和社会的发展，各个行业不断出现新的理论、技术和应用。为了使学生更好地适应社会和行业的需求，教师应密切关注行业动态，及时调整和更新课程内容，使之与社会和行业发展保持同步。教师还可以将实际问题融入课堂教学，引导学生进行深入探究。通过案例分析、问题讨论等教学方式，教师可以引导学生从实际问题出发，深入剖析问题背后的原因和规律。这有助于学生更好地理解相关理论知识和实践技能，提高他们的实际操作能力和解决问题的能力。同时，教师应鼓励学生结合自己的兴趣和专业特点进行探究。教师可以设置有针对性的课程任务，让学生自主选择感兴趣的问题进行研究。这样既能激发学生的学习兴趣，又能提高他们的自主学习和创新能力。

第四节　高职理论课程教学课堂创新

高职院校理论课程课堂教学是一种特殊的认识活动，是师生之间共同完成"认识-实践-再认识"并不断深化的过程。教师在教学活动中起到主导作用，

需要帮助学生掌握对知识客体的认识；学生在教学活动中发挥主体作用，需要进行知识的掌握，进一步形成技术技能。

（一）高职理论课程课堂教学理念的创新

高职院校理论课程课堂教学理念的创新主要表现在人本教育理念和创新教育理念的确立。

1. 人本教育理念的确立

教育的本质说到底是人的教育，知识教育、专业教育其实都是建立在人的教育的基础上的，人文性是教育的根本属性，目的是通过人文素养教育使人活得更高尚、更自觉、更高雅，在拥有开阔心胸的同时，更加注重精神方面的追求。人文教育思想深刻体现了教育者对受教育者的人文关怀，强调人的和谐发展，注重人生价值和意义的追求，主张通过激发全面解放人的个性、激发人的潜能，从而实现人的自由而全面的发展。人文教育思想的主要观点体现在以下几个方面：

（1）尊重人的个性和自由发展。人文教育思想强调尊重学生的个性，充分关爱和尊重学生，尽量减少对学生行为的干涉，给予学生自由选择的机会。作为独立的人，每个学生都具有自己的个性，在教育教学中，关注不同的学生之间的差异性，对不同要有不同的要求，充分尊重每个学生的个性，使学生的个性得以充分发挥和展现，培养其创造性思维和分析问题、解决问题的能力，促进学生天性的自由发展。

（2）强调人的价值和自我实现。人文教育思想强调在培养的过程中，应该加强身心两方面的和谐发展，充分激发人的潜能，促进其价值的发挥和自我实现。在教学中，要充分尊重学生的价值和自由，促进学生的不断发展和完善，帮助学生提高和完善自身的优点，克服和弥补存在的缺点和不足，尽可能达到自我实现的最大化程度。

（3）注重人的和谐发展。人文教育思想主张以人的和谐发展为目标。人的和谐发展体现在人在发展过程与他人、社会、自然等方面关系的和谐发展。在教学中，要尊重人的身心发展规律，注重人的和谐发展，努力提高学生的道德素质、理想信念、科学文化素质等全面素质。

2. 创新教育思想的确立

创新教育思想是我国当代教育实践和教育改革的重要指导思想。创新教育是适应社会发展的一种新理念和新思维，是对学生创新精神和创新能力的培养。将创新教育思想理念应用于高校体育教学，是高等教育和社会发展的必然要求。创新教育思想是知识经济时代关于创新观念、创新职能和创新实践的教育思想。创新教育是挖掘人的创新潜能，弘扬人的主体精神，促进人的个性和谐发展的教育。它的本质就是遵循人的创造活动规律和人的创造素质的培养规律，以培养创新人才为宗旨。因为创新教育是指以培养创造性人才为培养目标的教育。创新教育不仅仅是一种具体教学模式，更是一种意义深远的教学思想，创新教育思想是时代发展的产物，是知识经济时代对教育提出的必然要求。同时，创新教育又是素质教育的重要组成部分，创新教育思想以挖掘人的创新意识为核心，以弘扬人的创新精神、形成人的创新能力和全面提高人的创新素质为目的，通过对传统教育思想的改革和创新，所构建起来的全新的教育思想。创新教育思想只有以学生为中心，以培养学生创新精神和创新能力为目标，充分调动学生学习的积极性好和主动性，才能促进学生综合素质的提高。创新教学思想的原则主要从以下几个方面来体现（见图6-1）。

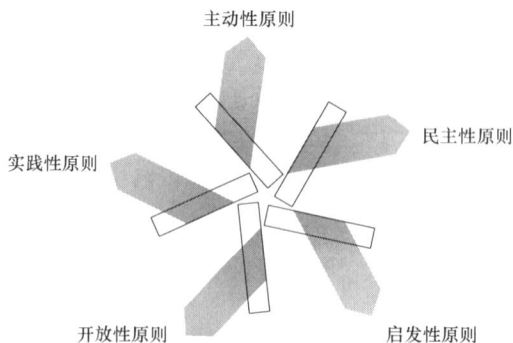

图 6-11　创新教学思想的原则

（1）主动性原则。主动性原则指的是在教学过程中，学生作为受教育的对象，要充分发挥其主观能动性，教师教学的开展要以学生为主体，把主体的潜能充分调动和发挥出来，培养学生的积极性、主动性和创造性；同时学生对于学习要主动去探索而不是被动接受，对所学的知识要做到真正理解和灵活运用。

（2）民主性原则。民主性原则指的是在教学过程中师生之间、学生之间要构建起一种民主平等的和谐关系。首先，教师的民主作风是良好师生关系构建的主要因素，教师民主作风的发扬不仅有利于创新精神的培育，而且能够对学生起到榜样的作用。其次，学生与学生之间要建立团结、友爱、平等、互助的民主和谐关系，彼此之间开展对创新思维和创新精神的讨论和学习，促进创新能力的整体进步。再次，管理制度方面要充分体现合理性、开明性、民主性，在对学生严格要求的同时，又要合理适度给予学生时间和空间上的自由，为学生的个性发展提供广阔的空间，为创新活动的开展创造必要的条件。

（3）启发性原则。启发性原则指的是在教学活动中，教师要善于引导，为学生创设富有启发性的情境，对学生施以积极的教育和影响，促使他们在教育教学活动中不断学习和探索，善于发现新知识、新事物和新方法，掌握创造性思维和创造精神的精髓和主旨，为创新能力的培养打下良好的基础。

（4）开放性原则。开放性原则指的是在教育教学过程中，所有的教育教学活动向广大师生开放，向现代社会开放，向国内外最新的教育理论和成功的教育经验开放。这里的开放不是目的，而是要达到使教育资源的优化配置，从而实现教育教学活动向积极的健康的方向发展。

（5）实践性原则。实践性原则指的是在教学活动的开展中要注重培养学生的实践能力，引导学生将理论知识应用于实际应用，学会基本技能，养成分析问题和解决问题的能力，包括手脑并用的操作能力，从而具备从事社会活动的能力，能够更好地适应社会生活，得心应手地从事社会实践活动。

（二）高等职业院校理论课程教学模式的创新

针对高职理论课程课堂教学，教学模式的创新需要紧密结合当前课堂教学的实际情况进行改进。信息技术飞速发展的今天，慕课、微课、翻转课堂等新型教学模式逐渐融入高职理论课程教学。

1. 慕课在高职理论课程教学中的创新应用

慕课，即大规模开放在线课程，利用互联网技术和大数据信息挖掘功能，将优质课程资源无障碍地开放给学习者，实现教育资源价值的充分利用。慕课突破了传统教学模式对学习时间和地点的限制，使学生能够根据自己的需求选择学习内容，并在过程中与教师产生良好互动。慕课教学的主要特点体现在以下几个方面：（1）开放性。慕课允许公开、自由地进行学习，学习者只需具备上网条件。慕课在学习对象、教学形式、课程及学习资料和教育理念等方面均具有开放性。（2）规模化。慕课与传统授课模式不同，学习者数量不受地域和人数限制。慕课课程具有大量优质教学资源，且投入资金、时间和精力较多。（3）网络化。慕课采用网络举办讲座和解释，支持在线自由学习和讨论学习多种学习模式共存。慕课系统还能通过记录学生的浏览痕迹了解学生的学习情况，以便调整课程。（4）个性化。慕课的个性化特点体现在学生的个人学习、课程目标的多样化推荐以及针对课程资源的个性化建议等方面。

慕课教学模式在高职理论课程教学中的应用有以下几个方面：（1）拓展教学资源。慕课教学模式可以让高职院校的理论课程教师借助慕课平台，获取更丰富的教学资源，包括全球知名高校的课程资源、专家讲座和经典案例等。这些资源不仅能够为高职院校的学生提供更广阔的学习视野和知识储备，还能够丰富课堂内容，增强学生的学习兴趣。（2）优化教学方式。传统的高职理论课程教学方式主要以课堂讲授为主，学生被动接受知识，缺乏互动和实践环节，容易造成学生学习兴趣的下降和教学效果的降低。而慕课教学模式通过多媒体技术、互动环节、在线作业等手段，丰富了教学内容和教学形式，激发了学生的学习兴趣和积极性，提高了教学效果。（3）提升教学质量。慕课教学模式的在线学习方式不仅可以让学生自主学习，还可以方便教师对学生的学习情况进行监控和评估，及时发现问题并进行针对性指导。慕课平台还提供了交流讨论的环节，学生可以在这里与教师和其他学生进行互动，分享学习心得和问题解决方法，促进学生之间的交流和合作，提升教学质量和学生综合素质。（4）促进教育公平。传统的高职理论课程教学方式面临着教育资源不平衡、地域限制等问题，而慕课教学模式则可以打破这些限制，让更多的学生获得优质的教育资源和教学服务，促进教育公平。

2. 微课在高职理论课程课堂教学中的应用

微课是指运用信息技术，按照认知规律，呈现碎片化学习内容、过程及扩展素材的结构化数字资源[①]。微课的主要构成要素是课堂教学视频（课件），同时还包括教学设计、素材、教学反思、练习测试、教师反馈，以及教师点评等与课件教学主题相关的辅助性教学资源。这些构成要素在一定的呈现方式和组织关系下，共同营造了一个半结构化、主题式的资源单元应用小环境。因此，微课作为一种新型的教学资源，是对教学课例、教学课件、教学设计、教学反思等传统单一资源类型的继承和发展，同时又与其有着很大的区别，其特点主要体现在：（1）主题明确，重点突出。微课的教学目标比较单一，是针对教学中的知识难点和疑点内容进行解决。一个微课主要就一个主题进行说明，主题来源于教学实践中遇到的具体问题，包括教学反思、难点强调、学习方法、学习策略等具体真实的问题。微课只有主题明确、重点突出，才能在有限的时间内准确表达所要学习的内容，更好激发学生的学习兴趣，方便学生系统全面进行知识的学习和掌握。（2）短小精悍，便于学习。首先，微课充分体现了"微"的特点。微课的时长一般在 10 分钟左右，有利于学生注意力的集中，不容易产生视觉上的疲劳。其次，微课的内容是课程精华的

---

① 张显华. 微课的课堂运用模式 [J]. 中文信息，2017（12）：128.

浓缩，往往围绕一个知识点或教学难点来展开，尽量做到浓缩化、精简化。微课短小精悍、内容容量较小，并且支持多媒体播放形式，可以将其保存到各种多媒体终端，学生可以利用碎片化时间，随时随地进行学习。（3）资源多样，选择灵活。微课往往可以呈现出多种多样的教学资源类型，视频可以由不同的制作方法制作而成，并且可以和图片、文字、音乐等资源形式进行整合，进一步提高学生对微课学习的兴趣。此外，学生在对微课进行学习时，可以结合自己的实际需求和学习进度自主进行选择，对学习过程中遇到的疑点、难点内容可以选择反复学习，有针对性地学习，直到弄懂为止。（4）活跃课堂气氛，增强师生之间互动。微课作为一种新型的课堂形式，它地出现在满足学生知识渴求与猎奇心理的同时，能够活跃课堂气氛，有效调动学生学习的积极性和主动性。同时，微课能够有效改善传统教学模式中教学内容单方面输出的情况。在微课教学开展的过程中，教师与学生之间的互动得到加强，不仅仅及时收集了学生课程学习的兴趣点，同时，对于学生存在的疑问，教师也能够及时进行回答。这无疑会为教师课程后期的设计提供便利条件，使其能够同现阶段学生的知识渴求得到一定的满足，进一步提升课程的教学效果。

微课教学模式在高职理论课程教学中的应用有以下几个方面：（1）制作微课视频，让学生随时随地观看。教师可以将每个知识点进行拆分，制作相应的微课视频，让学生可以根据自己的需求和时间安排，随时随地进行学习，提高学习效率和效果。（2）通过微信、QQ等社交平台推送微课视频。教师可以将微课视频推送到学生的社交平台上，提醒学生观看，并鼓励学生对学习内容进行深入思考和讨论，提高学生的主动性和参与度。（3）组织学生进行微课制作。教师可以组织学生进行微课制作，让学生通过制作微课视频，深入掌握相关的知识点和技能，同时培养学生的创新能力和合作精神。

3. 翻转课堂在高职理论课程课堂教学中的应用

翻转课堂译自"Flipped Classroom"或"Inverted Classroom"，也可译为

"颠倒课堂"，是指重新调整课堂内外的时间，将学习的决定权从教师转移给学生①。在翻转课堂教学模式下，课堂内外的教学时间被重新调整。学习的决定权不再属于教师，而是由学生来掌握。学生在课堂教学开始前和课堂教学结束后，可以通过观看视频讲座、收听播客、阅读功能强大的电子书等方式来进行信息的学习，还能通过网络与别的同学进行讨论，随时去查阅自己需要的材料。而在课堂内的宝贵时间，教师不再消耗大量的时间进行信息的讲授，学生也能够专注于学习活动的开展。教师能够有更多的时间与学生一起交流，研究解决问题，从而对知识获得更深层次的理解。在这种模式下，学生自主规划学习节奏、学习内容、学习风格和呈现知识的方式，教师则采用讲授法和协作法来帮助学生促成他们的个性化学习，最终目的是通过实践活动保证学生学习活动的真实性。翻转课堂是对基于印刷术的传统课堂教学结构与教学流程的彻底颠覆，由此引发教师角色、课程模式、管理模式等一系列变革。翻转课堂教学模式的主要特点如下：

（1）教学主体的多元与互动。翻转课堂颠覆了传统的课堂教学模式，教学主体由单一化向多元化转变。在翻转课堂模式下，教学主体不仅仅是教师和学生，还包括学校、社会和家庭的共同参与，呈现出多元化的特点。采用翻转课堂模式，学生在家通过教学平台先完成学习，使得课堂变成老师和学生之间互动的场所，包括答疑解惑、完成作业等，从而达到更好的教育效果。另外，翻转课堂模式下，教师从传统课堂中知识传授者的角色转变为学习的促进者和指导者，教师不再是知识获取的唯一来源，形成了以学生为中心的教师、学校、社会、家庭的多主体知识体系逐渐形成，教学主体之间实现了民主平等的地位，在教学过程、课堂内外、教学方式等方面都呈现出互动、协商的特点，师生之间关系更为和谐、课堂更为人性化、家长的参与度更高。

（2）教学载体的高效与创新。传统课堂往往以语言与教材作为教学的主要载体，翻转课堂突破了这种局限，借助信息技术，通过微视频的方式构建了教学载体的新形式。微视频短小精悍，突破了教学时间和空间方面的限制，提

---

① 文倩. 翻转课堂的教育心理学基础探析 [J]. 课程教育研究（学法教法研究），2018（16）：43-44.

供了海量的优质信息资源供学生选择和学习，学生可以通过观看微视频，在网上进行问题的交流和讨论，教师可以结合反馈的问题，有针对性地开展课堂教学，师生之间开展探究和互动加深对知识的理解，全面提高了教学效率。

（3）教学过程的自主与灵活。教学过程是指教学活动中教师的"教"和学生的"学"的开展过程，在这一过程中，教师、学生、教学方法、教学内容等各种要素在一定程度上都会对教学效果产生影响。在翻转课堂模式下，学生可以结合自己的知识水平、学时进度等实际情况自主选择教学内容进行学习，学生对自己的学习负责，通过学习目标的确立、学习进度的自我监督、学习效果的自我评价来自主构建学习过程，完成对学习的相关决策并付诸实践。

（4）教学资源的集成与共享。翻转课堂通过信息技术的支持，将文本资源、图像资源、动画资源、声音资源和视频资源等分散的教学资源进行整合，共同为教学主体提供服务，体现了集成性的特点。这些集成性的资源构成了翻转课堂理论知识资源和实践经验资源的内容体系，具有数量大、全面性的特点，极大地丰富了课堂教学的内容。同时，这些集成性的教学资源不等进行更新、重组，体现了其动态可持续发展的态势。此外，翻转课堂的教学资源还呈现出共享性的特征。在微视频支持下翻转课堂的实施为教学资源的共享提供了条件：在课堂前，将所有教学资源与师生共享，为知识信息的传递提供了便利。在课堂上，为师生等教学主体提供资源交流的机会，实现知识信息的深化。且翻转课堂大量的教学资源以微视频的形式展现，学生通过简单操作就能实现教学资源的共享，可以获取自己所需要的课程资源。

翻转课堂教学模式在高职理论课程教学中的应用有以下几个方面：（1）个性化学习。翻转课堂教学模式可以满足不同学生的学习需求，因为学生可以在自己的节奏下进行学习，并在需要的时候反复观看视频。这种个性化学习可以帮助学生更好地理解和消化所学知识，提高学习效果。（2）增强学生参与度。翻转课堂模式可以增强学生的参与度和互动性。在传统的课堂教学中，教师通常是主导者，学生被动接受。而在翻转课堂模式下，学生可以在家中或其他地方观看课程视频，然后在课堂上与教师和其他学生一起讨论和探讨问题。这种互动可以促进学生的思考和创造性思维，提高学生的学习兴趣和动力。（3）提高教师教学效果。翻转课堂模式可以提高教师的教学效果。教师可以在课堂上更加专注于解答学生的问题，引导学生进行讨论和思考。教师还可以通过学生的表现和问题的解答情况，及时调整课程内容和教学方法，提高教学质量，（4）提高学生自主学习能力。翻转课堂模式可以提高学生的自主学习能力。通过翻转课堂模式，学生可以自主学习和掌握知识，提高自己的学习能力和自我管理能力。这种能力对学生的未来发展非常重要，因为在职业生涯中，学习和自我管理能力是非常关键的。

综上所述，慕课、微课、翻转课堂等新兴教学模式为高职理论课程课堂教学注入了活力，将高职理论课程课堂教学与现代信息科技有机结合起来，为高职理论课程课堂教学创新提供了全新发展的方向，推动了高等职业教学的进步。

第七章　高职实践教学的开展

第一节　高职实践教学概述

高职实践教学在高职教育中具有至关重要的地位。实践教学能够培养学生的实际操作能力、职业技能和综合素质，使学生将理论知识与实际应用相结合，更好地适应行业和市场需求。通过实践教学，学生可以积累实际工作经验，提高职业技能和综合素质，为将来顺利就业和发展奠定基础。

一、高职实践教学的内涵与类型

（一）高职实践教学的内涵阐析

实践教学的内涵丰富多样，包括各类实践教学形式与教学方法，体现了高职教育的实践导向、应用性和综合性特点。高职实践教学的核心在于使学生能够通过直接参与实际工作，掌握行业内所需的技能与知识。通过实践，学生可以更好地了解所学专业的实际应用，提高自己的综合素质，为今后的职业生涯打下坚实基础。在实践教学过程中，高职院校需要关注学生的个性化发展需求，因材施教，为学生提供多样化的实践机会。这包括实验教学、课程设计、生产实习、社会实践等多种形式，满足不同学生的兴趣和需求。同时，教师在实践教学中扮演着关键角色，需要指导学生如何将所学理论知识运用到实际中，激发学生的学习兴趣和积极性。此外，高职实践教学还强调与企业、行业和社会各界的紧密合作。通过校企合作与产教融合，高职院校可以了解行业发展动态和市场需求，调整课程设置和教学内容，确保实践教学的针对性和实效性。这对于培养学生的应用型技能和综合素质具有重要意义。

（二）高职实践教学的类型

高职实践教学使学生将理论知识与实际应用相结合，培养其适应行业和市场需求的职业能力。高职实践教学的类型主要包括以下几类（见图7-1）。

图 7-1　高职实践教学的类型

1. 实验教学

实验教学是一种通过实验活动，使学生在实际操作过程中观察、分析和解决问题的教学方式。实验教学旨在培养学生的动手能力、实验技能和科学素养，帮助学生将理论知识应用于实际问题解决。在高职实践教学中，实验教学通常涵盖基础实验、综合实验和创新实验等类型，涉及各个学科和专业领域。实验教学不仅可以提高学生的实际操作能力，还可以培养其观察能力、思考能力和创新能力。

2. 课程设计与综合实训

课程设计与综合实训是一种综合性的实践教学形式，要求学生在一定的时间内，针对某一专业问题或任务，进行独立或团队合作的设计、研究和实践。课程设计与综合实训旨在培养学生的综合素质、创新能力和团队合作精神，使学生在实际工作中运用所学知识解决实际问题。课程设计与综合实训可以根据不同专业和课程要求，采用项目式、任务驱动式、问题导向式等教学方法，激发学生的学习兴趣和积极性。

3. 生产实习和社会实践

生产实习和社会实践是高职实践教学的重要组成部分，要求学生在企业、机构和社会组织等实际工作环境中，进行一定时间的实习和实践。生产实习和社会实践旨在培养学生的职业技能、工作态度和职业素养，使学生了解和适应。

实际工作环境，形成良好的职业习惯和职业道德。生产实习和社会实践可以采用定向实习、顶岗实习、实践基地建设等形式，与企业、机构和社会组织密切合作，为学生提供丰富的实践资源和实习机会。在生产实习和社会实践过程中，学生可以积累实际工作经验，提高职业技能和综合素质，为将来顺利就业和职业发展奠定基础。

4. 职业技能竞赛和创新创业项目

职业技能竞赛和创新创业项目是高职实践教学的一种有益补充，通过组织学生参加各类技能竞赛和实践项目，激发学生的学习兴趣，提高其专业技能和创新能力。职业技能竞赛旨在培养学生的专业素质、竞争意识和团队协作能力，使学生在比赛过程中提升自己的技能水平，积累实践经验。创新创业项目则鼓励学生运用所学知识，解决实际问题，培养其创新精神和创业能力。参与职业技能竞赛和创新创业项目，有助于学生提高自信心，锻炼实际能力，拓展职业发展空间。

5. 校企合作与产教融合

校企合作与产教融合是高职实践教学的重要保障，通过与企业、行业和社会各界的紧密合作，为学生提供丰富的实践资源，促进实践教学的高质量发展。校企合作与产教融合可以采取共建实训基地、企业导师制、产业实践课题等形式，使实践教学与产业需求、市场发展紧密结合，提高实践教学的针对性和实效性。同时，校企合作与产教融合也有助于高职院校调整课程设置，优化教学内容，培养学生的应用型技能和综合素质，为国家和社会培养更多高素质的技术技能人才。

二、高职实践教学的目的

高职实践教学旨在培养学生具备实际操作能力、综合素质、理论与实际应用结合能力、职业素养和职业技能，以满足社会需求和助力学生顺利就业。下面进行详细论述（见图 7-2）。

项目一
培养学生的实际操作能力

项目二
提高学生的综合素质

项目三
促进理论知识与实际应用的结合

项目四
增强学生的职业素养和职业技能

项目五
为学生顺利就业和社会需求提供人才保障

图 7-2　高职实践教学的目的

（一）培养学生的实际操作能力

实际操作能力是高职教育的核心目标之一。实践教学能使学生在操作实践中掌握专业知识，培养实际操作技能。高职院校通常采用实验教学、课程设计、生产实习等多种形式，使学生能够将理论知识应用于实际操作，提高技能水平。实践教学环节通过模拟实际工作场景，让学生在解决实际问题的过程中，积累经验、培养动手能力，为未来职业生涯奠定基础。在实验教学中，学生能够亲手操作实验器材，了解实验原理，掌握实验技巧，从而使理论知识更加深入。实验教学的严谨性和实际性要求学生具备较高的动手能力和实际操作水平，有助于培养学生的独立思考和解决问题的能力。课程设计作为实践教学的重要组成部分，要求学生将所学理论知识应用于解决实际问题，培养学生的综合运用知识解决实际问题的能力。在课程设计中，学生需要结合实际需求，进行方案设计、材料选择、施工方法研究等，锻炼学生的实际操作能力和团队协作能力。生产实习是高职教育的重要组成部分，它使学生能够在实际生产环境中应用所学知识，培养学生的实际操作能力。生产实习可以使学生更好地了解产业现状和发展趋势，提高学生对行业的敏感性和适应能力。通过实习，学生能够积累实际工作经验，提高职业技能，为将来就业创业做好准备。

（二）提高学生的综合素质

高职实践教学有助于提高学生的综合素质，包括职业道德、团队协作、沟通能力、创新能力等。在实践教学中，学生需要与他人合作完成任务，培养团队协作意识和沟通能力。实践教学还鼓励学生在解决问题时发挥创新精神，锻炼创新能力。此外，实践教学有助于培养学生的职业道德，使其具备良好的职业素养。在实践教学中，学生需要遵循职业道德规范，养成良好的职业习惯。实践教学有助于培养学生的责任感和使命感，使他们明白自己所从事的工作不仅是为了谋生，还需要为社会做出贡献。在团队协作中，学生能学会尊重他人，诚信待人，关爱同事，为集体利益着想，提升职业道德水平。团队协作是现代企业工作的基本要求。在实践教学中，学生需要学会与他人沟通、协作，共同完成任务。实践教学可以锻炼学生的团队协作能力和沟通能力，提高他们在团队中的领导和组织能力。在团队协作过程中，学生还能学会处理人际关系，增强团队合作精神，为将来融入职场团队做好准备。沟通能力是现代职业生涯中不可或缺的能力。在实践教学中，学生需要与同学、老师、企业导师等多方沟通，克服语言、文化、专业等方面的障碍。通过实践教学，学生能够提高自己的沟通能力，学会用恰当的方式表达自己的观点和需求，更好地理解他人的需求，形成良好的沟通习惯。创新能力是现代社会竞争力的关键。实践教学鼓励学生在解决问题时发挥创新精神，培养其在实际工作中独立思考、敢于突破的能力。在实践教学过程中，学生需要不断尝试新方法、新技术，积累经验，提高解决问题的能力。创新能力的培养有助于学生适应未来不断变化的职业环境，提高个人竞争力。

（三）促进理论知识与实际应用的结合

高职实践教学作为高职教育的一个重要组成部分，它强调理论知识与实际应用的紧密结合。通过实践教学，学生可以更好地理解和掌握所学专业的实际应用，将所学理论知识运用于实际场景。实践教学使学生在面对实际问题时，能够灵活运用理论知识，提高解决问题的能力。这有助于提高学生对专业知识的理解和掌握程度，培养其应用型技能。为了实现高职实践教学的目标，教育部门和学校应采取一系列措施。首先，制订合理的实践教学计划，实践教学计划应根据专业特点和行业需求，合理安排实践教学内容、时间和顺序。确保实践教学与理论教学相互补充，形成有机整体。此外，实践教学计划还应注重培养学生的综合素质和实际操作能力，使学生在学习过程中逐步提高自身技能。其次，加强校企合作，积极与企业建立长期稳定的合作关系，为学生提供丰富的实习实践机会。通过与企业合作，学校可以了解行业动态和企业需求，不断调整课程设置和教学内容，提高实践教学的针对性。同时，企业也可以借此机会培养和选拔优秀人才，实现双方共赢。

（四）增强学生的职业素养和职业技能

高职实践教学关注培养学生的职业素养和职业技能，这是高职教育的核心目标。职业素养包括职业道德、职业习惯、职业责任感等方面。在实践教学中，学生需遵守职业道德规范，养成良好的职业习惯，增强责任感。通过实际操作和实践，学生能够了解行业规范、掌握必备的职业技能，为将来从事相关行业工作做好准备。实践教学中的课程设计、实习和实训等环节，有助于提高学生的职业技能。学生在实际操作中不仅能够熟练掌握专业技能，还能学会如何应对各种工作场景，提高适应能力。此外，实践教学还有助于培养学生的创新能力和创业精神，为其未来职业发展提供支持。

（五）为学生顺利就业和社会需求提供人才保障

高职实践教学旨在满足社会需求，为学生顺利就业提供人才保障。通过实践教学，学生能够掌握行业所需的实际操作能力、职业技能和综合素质，更好地适应市场需求。此外，实践教学有助于培养学生的就业意识，了解行业发展动态，为未来职业生涯规划做好准备。高职院校应与企业、行业和社会各界紧密合作，了解市场需求，调整课程设置和教学内容，确保实践教学的针对性和实效性。同时，高职院校应关注学生的个性化发展需求，提供多样化的实践机会，培养具备实际操作能力、职业技能和综合素质的技术技能型人才，为社会和产业发展提供人才保障。

三、高职实践教学的设计流程

在高等职业院校实践教学的设计流程中，通常包含四个阶段：前期设计、中期设计、教学评价设计和反馈完善设计。

（一）前期设计

前期设计主要侧重于制定学生实践能力培养的教学目标以及分析学生学习差异化需求。教师需根据实际情境、活动以及教学内容和学生特性来设计实践教学目标。同时，在实践教学过程中，教师要根据教学情境的变化及时调整教学目标，以实际问题为引导，培养学生的实践性思维。此外，教师需要了解学生的认知能力、初始知识和能力、学习动机和学习风格等特点，以便为学生提供有意义的学习经验。

（二）中期设计

实践教学中期设计应关注真实情境问题的教学内容设计，以及注重合作参与实践的教学策略设计。首先，基于情境性生成的高职实践教学的内容设计，指向培养学生实践能力的实习场，教师将创设处在真实情境中的实践性问题，让学生学习和理解，使他们在未来的工作岗位上能够解决真实情境中的问题。比如，教师设计的问题应与学生今后在工作岗位中可能面临问题的复杂性相同，其实践教学知识应能满足学生对实践知识的需求和情境性迁移的要求。其次，基于情境性生成的高职实践教学的策略设计，主张通过让学生解决真实情境中的问题，在与他人和环境的互动中学习知识和技能。比如可以创设师生参与的实践环境，学生在身临其境地参与中完成教学任务，而教师则积极引导学生从谋求知识技能到身份确立、文化融合的转变，同时以处在真实情境中的实践性问题为核心，将各个阶段的教学活动进行有机统整，建立课程实践教学与集中实践教学相结合的全程式实践教学模式。

（三）教学评价设计

实践教学评价设计强调多元互动的评价理念，注重过程和发展。评价方式应具有情境性、动态性和生成性，以促进教学改进和师生发展。评价者需根据情境特征的评价标准，采用个性化的评价方法，对教师、学生及课堂教学质量和效果进行深入评价，以满足新的评价情境需求。

（四）修改与完善设计

在实践教学设计过程中，对评价结果进行反馈是至关重要的。如果目标达成，则实践教学进入下一阶段；如果目标未达成，需要启动备用设计方案并实施；如果目标达成但仍有改进空间，需进行再分析、再设计，直至达成理想的教学设计形态后再实施，并确保顺利进入下一阶段的实践教学。

四、高职实践教学的管理监督

高职实践教学是高等职业院校的核心教学内容之一，它的管理和监督具有重要意义。有效的管理和监督能够促进高职实践教学的顺利开展，确保教学质量和效果。本书将详细阐述高职实践教学的管理和监督。

（一）高职实践教学的管理

高职实践教学的管理包括教学计划管理、教学资源管理、教学质量管理等（见图 7-3）。

图 7-3　高职实践教学的管理

1. 教学计划管理

教学计划管理是高职实践教学管理的基础。学校应该制订合理的教学计划，明确实践教学的目标和内容，合理安排实践教学的时间和地点，确保教学计划的科学性和可行性。教师需要在教学计划制订过程中积极参与，发挥专业知识和经验的作用，提出合理建议和意见，确保教学计划的实用性和有效性。

2. 教学资源管理

教学资源是高职实践教学的保障。教学资源管理应包括场地、设备、教材和人员等方面。学校应该积极配置实践教学所需的场地和设备，并保持其完好、安全、适用。教师需要及时更新教材，提高教学质量和效果。此外，教师还需要根据实际情况合理安排人员，确保实践教学能够顺利进行。

3. 教学质量管理

教学质量管理是高职实践教学管理的重点。教学质量管理应包括教学效果评价、教学过程监督和教师考核等方面。学校应该制定科学的教学效果评价体系，建立健全的教学过程监督机制，以及规范的教师考核制度。教师需要根据教学效果评价体系不断改进教学方法和教学策略，提高教学质量和效果。

（二）高职实践教学的监督

高职实践教学的监督主要包括内部监督和外部监督两个方面。内部监督是指学校和教师自行对实践教学进行监督和管理。学校应该建立完善的内部监督机制，包括教学督导、课程观摩、教学评估等方面。教师需要对自己的教学进行反思和总结，不断改进自身的教学能力和教学质量，同时也需要对同行的教学进行观摩和评估，学习借鉴先进的教学经验和方法，促进教学质量的提高。外部监督是指外部机构对高职实践教学进行的监督和评估。外部监督主要由教育主管部门、行业协会、社会机构等进行。教育主管部门应该定期对高职实践教学进行监督和评估，建立健全的监督评估机制。行业协会和社会机构可以提供实践教学资源和经验，同时也可以对实践教学进行评估和反馈，为实践教学的改进提供参考意见。

第二节　高职实践教学体系的构建

高职院校培养的主要是生产一线的技术技能型人才，因此实践教学在高职院校人才培养中是十分重要的环节。高职实践教学体系的构建需要系统性、综合性地考虑实践教学的各个方面，以实现高职实践教学的高质量发展。

一、高职院校实践教学体系构建的原则

高等职业院校实践教学体系在构建过程中需要遵循一定的原则，具体原则主要包括以下几个方面（见图7-4）。

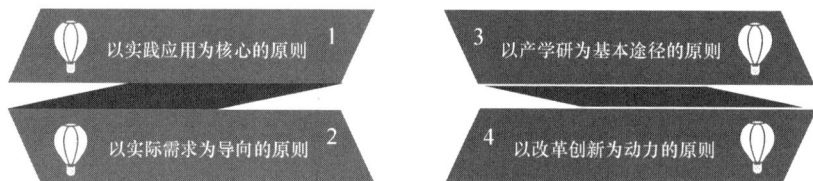

图 7-4　高职实践教学体系构建的原则

（一）以实践应用为核心的原则

实践应用是高等职业教育的关键特征和必备能力，它体现了高等职业院校培养的人才应具备的实际操作能力和专业技能。因此，在构建高等职业院校实践教学体系时，应着重于实践应用的培养。高职院校培养的人才应具备专业技能方面的熟练能力，例如，建筑专业的学生应具备专业的测量、设计、绘图技能；文秘专业的学生需具备公关礼仪、办公软件应用、公文写作等方面能力。

（二）以实际需求为导向的原则

高职教育的目的是培养适应社会和职业岗位需求的人才。在构建实践教学体系时，需要充分考虑社会应用需求。首先，实践教学课程应结合社会需求来设置，注重培养学生的实际操作能力和技术技能。其次，实践教学应根据社会需求进行调整和优化。专业的设置和调整应以社会需求为导向，以适应不断变化的社会发展。

（三）以产学研为基本途径的原则

产学研结合是高职院校人才培养的重要途径。它涉及高职院校、政府、

科研单位以及企事业单位等多方合作，以实现人才培养、科学研究和社会服务三大功能的有机结合。产学研结合有助于提高科研水平、服务社会能力，使高职院校的发展与社会需求相适应。高职院校应在实践教学中积极推进产学研结合，与科研单位和企业紧密合作，发展应用型学科建设，提高教师的科研能力和应用能力，为培养高素质技术技能人才奠定坚实基础。

（四）以改革创新为动力的原则

高职院校的人才培养目标和实践教学体系需要不断进行改革和创新。在实践教学中，应采用启发式、诱导式和交互式的情境教学方法，注重理论与现场实践教学的结合，形成"教、学、练"的一体化的实践课程教学体系。实践教学应尽量在实践基地或工作现场进行，通过真实的情景模拟教学法，将实训内容和相关案例融入实践教学中，促进学生形象思维的发展和有关认知技能的提升。高职院校实践教学的创新还需结合具体的教学环境创设，充分考虑教学方式和策略是否有利于学生个性的培养和发展。高职院校应在实践教学中不断尝试新的教学方法、新的教学策略，以激发学生的学习积极性和主动性，提高实践教学质量和效果。

二、高等职业院校实践教学体系构建的具体路径

高职实践教学体系的构建是关系到人才培养与学生就业的重要环节，高职院校需要给予充分重视，针对学校的实际情况和当前社会发展和人才就业市场趋势来构建实践教学体系，将各项落实到位，确保通过实践教学学生的道德品质和职业技能都能得到有效的培养，真正成为企业需要的人才，为社会经济的可持续发展贡献力量。高职院校实践教学体系构建的具体路径如下：

（一）确立实践教学目标

实践教学目标是实践教学体系构建的基础和前提，明确实践教学目标有

助于提高教学质量和培养学生的实际操作能力。高职院校应根据国家、行业及学校的发展战略，结合本专业的特点，明确培养目标，确保实践教学目标具有明确性、可操作性和针对性。高职院校实践教学的核心目标是提高学生对知识的应用能力和综合素质。各实践教学环节的分目标需要教师根据实践教学过程中的教学进度、学生掌握情况等来进行制定。实践教学总目标和分目标之间是彼此联系、相互影响、相辅相成的关系。实践教学的总目标是分目标的方向和引领；实践教学的分目标是总目标实现的基础和必不可少的环节。在实践教学目标体系中，要注重学生职业素质和职业能力的培养，不但要传授给学生先进的职业理念和技能技术，更要主要对学生良好职业道德的培养。此外，在实践教学过程应该用发展的眼光来制定能力培养目标，引导学生学习职业高端技能，确保学生的职业能力可以满足不断变化的企业的发展需求。

（二）整合更新实践教学内容体系

实践教学内容体系是实践教学的核心，高职院校应根据实践教学目标，结合社会发展和行业需求，不断更新和整合实践教学内容。实践教学内容应涵盖基本技能、专业技能和创新能力等多方面，使学生在实践教学过程中全面提升自己的综合素质。此外，实践教学内容应注重理论联系实际，关注行业动态，使学生能够在实践教学中紧密结合实际需求，形成丰富的实践经验。在对实践教学内容进行设计时要遵循由浅到深、由简单到复杂、由单项到综合的原则，循序渐进、有计划有目的地提高学生的实践能力。实践教学内容体系一般由课程实践环节、课内集中实践和第二课堂实践教育三部分组成，具有由课程实验和相对独立设置的实践环节相结合、从认识、操作到综合创新逐层深入的实践教育特色。通过课程实验、技能操作等实践环节加深理论学习和提高实践技能，通过课程设计、实习、实训等环节使学生进行基本的设计、制造能力方面的训练；通过综合实训和毕业设计等环节实现对学生综合能力的培养；以技术技能大赛、创新创业大赛等实践环节为主渠道提高学生的创新能力。在提升学生全面能力的同时，重点突出学生时间操作能力和对专业知识应用能力，使学生做到"基础全面，特点突出"，使实践教学体系成为高职院校人才培养的重要保障。

（三）优化实践教学管理体系

实践教学管理体系是保障实践教学质量和效果的重要手段，高职院校应优化实践教学管理体系，提高实践教学的组织、实施和考核水平。在实践教学管理方面，应建立健全实践教学管理制度，明确实践教学的组织、实施和考核等方面的规定。加强对实践教学过程的监督和指导，确保实践教学的质量和效果。实践教学管理体系在整个实践教学体系中起着反馈和调控作用。实践教学与理论教学存在很大不同，在实践教学过程受到的影响因素比较大。并且，实践教学的管理范围、管理难度相对来说比较大，需要从组织、结构和技术等方面来进行多重保障。首先，高职院校要采用两级管理模式来对实习场所、实训基地等进行严格的管理，确保实践教学的科学合理地组织，在规范的管理下有序开展。其次，高职院校实践教学需要建立完善的管理制度。在实践教学过程中，各要素之间需要在制度的约束和规范下加以控制，实践教学的目标、内容、方法等方面都需要制定相应的标准和依据，严格按照相关制度来进行管理。再次，高职院校实践教学需要运用现代化的技术来实现管理的现代化和科学化，通过先进的职能系统和信息管理平台实现对实践教学的实时、动态监督和管理，以便及时发现实践教学管理中存在的各种问题，将各种隐患扼杀在摇篮中，促进高职院校实践教学管理的督导功能。

（四）完善实践教学保障体系

实践教学保障体系是支持实践教学顺利进行的基础设施，高职院校应不断完善实践教学保障体系，提供全方位、多层次的实践教学支持。首先，高职院校应加强实践教学基地建设。实践教学基地是学生实际操作和实践技能的场所，高职院校应与企业和行业紧密合作，共建校内外实践教学基地，为学生提供更丰富、更贴近实际的实践环境。这包括搭建实训室、实验室等场地，确保学生有足够的空间进行实践操作。此外，高职院校还应与企业合作，建立产学研结合的校企合作实训基地，让学生在真实的生产环境中学习和实践，提高实践教学的针对性和实用性。其次，高职院校要加大实践教学设备和资金投入，确保学生在实践教学过程中能够充分利用高质量的资源和设施。这包括更新和完善实验器材、实训设备等，使其与行业发展和技术创新同步，为学生提供先进、实用的实践教学工具。同时，高职院校还应合理分配教学经费，保障实践教学的正常运行，让学生能够在良好的条件下进行实践学习。最后，高职院校应关注实践教学的质量评估，通过对实践教学成果的定期评估，找出存在的问题和不足，进而对实践教学保障体系进行优化和改进。这包括建立科学的实践教学质量评价体系，确保实践教学成果的客观、公正评价。同时，高职院校还应加强对实践教学的跟踪考核，通过对学生实践成果的长期追踪，了解实践教学在培养学生职业技能方面的实际效果，为实践教学保障体系的优化提供有力支撑。

（五）强化产学研结合培养体系

强化产学研结合培养体系，对于提升实践教学质量和效果具有重要意义。为了更好地实现产学研一体化，高职院校应采取以下措施：首先，高职院校应积极发挥政府、企业、科研机构等多方的优势，构建紧密的产学研合作网络。通过与各方建立合作关系，可以为学生提供更多实际工作和项目参与机会，促使学生将理论知识与实际工作相结合，提高学生的实际操作能力和创新能力。同时，产学研合作网络有助于高职院校了解行业发展动态和企业需求，从而对实践教学内容和方式进行适时调整，提高实践教学的针对性。其次，高职院校应加强与企业的合作，开展联合培养、顶岗实习、工程实践等多种形式的实践教学。通过与企业紧密合作，可以使学生更好地了解企业的生产经营、技术研发等实际情况，提高学生的实际操作能力。同时，顶岗实习、工程实践等实践教学形式能让学生在实际工作中运用所学知识，培养其解决实际问题的能力，为将来就业打下坚实基础。

此外，高职院校还应注重提升教师的产学研结合能力。鼓励教师参与企业和行业的实际项目，以便将实际经验和先进理念引入实践教学中。这不仅有助于提高教师的教育教学水平，还能激发教师的教学研究热情。同时，教师在企业和行业的实践活动中获得的经验和资源，也能为学生提供更加丰富的实践教学内容和方式。

三、高职实践教学体系的持续优化与发展

实践教学在高职教育中占据核心地位，不仅有助于学生掌握专业技能，还能培养学生的创新能力和实际工作能力。为了进一步完善实践教学体系，以下几个方面值得关注（见图 7-5）。

图 7-5　高职实践教学体系的持续优化与发展

A	B	C	D	E
动态调整实践教学内容	增进校企沟通与合作	推广实践教学经验和成果	利用信息技术支持实践教学	加强实践教学研究

（一）动态调整实践教学内容

随着科技创新和产业发展的加速，现代社会对人才的需求也在不断变化，实践教学内容需要与时俱进。为确保高职教育培养出的学生能够适应社会发展和行业需求，高职院校有必要建立实践教学内容的动态调整机制，以保持实践教学的活力和针对性。高职院校应密切关注国内外经济、产业和技术的发展动态，以便对实践教学内容进行及时调整。学校可以通过搜集行业政策、市场分析报告等资料，分析行业发展趋势和技术变革，从而为实践教学内容

的调整提供依据。另外，学校还可以邀请企业和行业专家进行实践教学课程的评审和指导，以确保教学内容符合实际需求。在调整实践教学内容时，高职院校应注重培养学生的创新能力、团队协作能力和跨学科综合素质。面对日益复杂的工作环境和竞争压力，学生需要具备较强的自主学习能力、适应能力和创新能力。因此，在调整实践教学内容时，学校应将培养这些能力作为重要目标，设计相应的实践教学项目和活动。

（二）增进校企沟通与合作

随着经济的发展和产业的变化，校企合作对于高职院校的实践教学质量和人才培养模式具有越来越重要的意义。校企合作可以使教育与产业有机结合，通过相互的合作和共赢，为学生提供更好的实践教育环境和更多的就业机会。因此，高职院校应积极拓展与企业的合作领域，加强校企之间的沟通与交流，以建立起良好的校企合作关系。首先，高职院校应认真研究企业的需求，把握产业发展的趋势，调整实践教学的内容，为企业提供更加优秀的人才。学校可以定期组织校企对接会、双向交流访问等活动，与企业代表交流意见和建议，了解企业在技术研发、市场营销、管理等方面的需求，从而及时调整和优化实践教学内容和模式。其次，高职院校应加强与企业的合作，建立校企合作项目，通过联合培养、顶岗实习、工程实践等方式，提供更加实际的实践教育环境和更丰富的实践经验。学校可以与企业共建实践教学基地，使学生能够在真实的企业环境中学习和实践。通过实践教育，学生可以了解和熟悉企业的管理模式、工作流程和技术应用，提升自己的实践能力和综合素质。

此外，高职院校还应鼓励教师参与企业实践项目，建立起教师与企业之间的紧密联系。教师可以将自己的实践经验和知识应用于实践教学之中，同时也可以了解企业的需求和实际情况，为实践教学内容的优化和调整提供重要的参考。

（三）推广实践教学经验和成果

实践教学经验和成果的总结、推广是高职院校提升实践教学质量和水平的重要途径之一。高职院校应该建立一套科学合理的实践教学经验和成果总结、推广机制，让优秀的实践教学经验和成果得到更广泛地宣传和应用，以推动整个实践教学体系不断发展。高职院校应该定期组织教师交流实践教学心得、分享成功案例，以促进教师间的交流和合作。教师们在实践教学中积累了大量的实践经验和教学心得，相互分享这些经验和心得，可以有效地促进教师的教学创新和教学质量的提升。此外，高职院校还可以邀请教育专家、企业代表等来学校举办讲座，分享成功案例和行业最新发展动态，提高学生和教师对实践教学的认识和理解。学校还可以通过举办实践教学成果展示、评选优秀实践教学项目等活动，进一步提升实践教学的地位和影响力。学校可以在校园内或者企业中组织实践教学成果展示活动，让学生和教师们展示他们在实践教学中的成果和创新成果，增强学生和教师们的自信心和创新能力。同时，学校还可以举办实践教学项目评选活动，鼓励学生和教师积极参与实践教学项目的开发和实施，提高实践教学的质量和水平。

（四）利用信息技术支持实践教学

信息技术在现代社会的各个领域都起到了不可替代的作用，实践教学也不例外。利用现代信息技术手段，可以大大提高实践教学的质量和效率，满足学生不断增长的实践教学需求，促进教学改革和创新。因此，高职院校应充分利用现代信息技术，支持和推动实践教学的发展。首先，学校可以开发实践教学管理系统，实现实践教学项目的信息化管理。这样可以大大提高实践教学管理的效率和精度，避免重复性工作和人为错误。教师可以通过该系统管理教学计划、教学资源、学生实习、实验成果等信息，实现全面、及时、动态的教学管理。同时，学生也可以通过该系统了解实践教学项目的相关信息，便于管理和交流。实践教学管理系统还可以提供数据分析和评价功能，为教学改革和创新提供理论依据。其次，学校还可以利用远程教育平台、虚拟仿真实验室等技术，为学生提供更丰富、更灵活的实践教学资源和方式。远程教育平台可以为学生提供不受地域限制的实践教学资源，让学生通过网络学习和参与实践教学活动。虚拟仿真实验室可以提供高仿真的实验环境，让学生进行实验操作和实践活动，加强学生的实践能力和创新能力。利用现代信息技术支持实践教学还可以提供个性化的教学服务和智能化的学习评价，帮助学生更好地完成实践教学任务和提高实践教学效果。

（五）加强实践教学研究

深入开展实践教学研究，有助于不断探索实践教学的新方法、新模式，为高职实践教学体系的持续优化提供理论支持。高职院校应鼓励教师参与实践教学研究，将实践教学成果作为教师评价和激励的重要指标。学校可以组织定期的实践教学研讨会、研究课题申报等活动，为教师提供交流和合作的平台。同时，学校还应加强与其他高职院校的合作与交流，共同推动实践教学研究的发展。

第三节　高职实践教学的组织指导工作

高职实践教学是高等职业教育的重要组成部分，也是培养学生实际操作技能和创新能力的重要途径。为了保证实践教学的质量和效果，需要做好高职实践教学的组织指导工作。

一、高职实践教学的组织任务

高职实践教学的组织任务包括制订实践教学计划、确定实践教学环节、确定教学资源和组织实践教学活动。这些任务需要教师在实践教学中认真负责，注重教学效果和质量，提高学生的实践能力和素质，为学生的职业发展和就业打下坚实的基础，具体如下（见图7-6）。

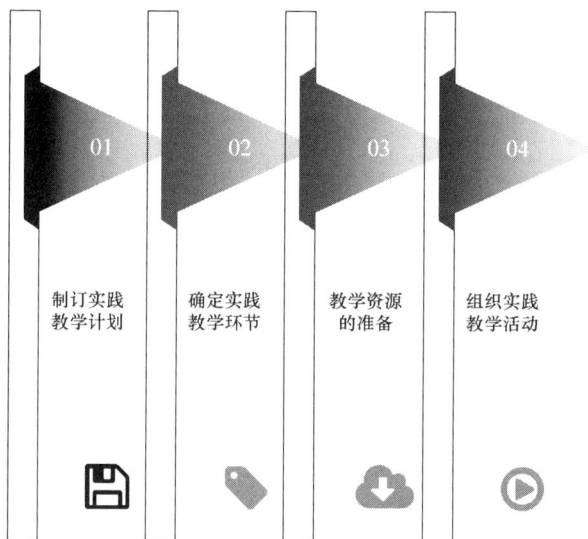

图 7-6　高职实践教学的组织任务

（一）制订实践教学计划

实践教学计划是实践教学的重要组成部分，它是组织实践教学的基础和依据。实践教学计划应当根据不同专业的学生和不同实践环节的要求，制订合理的教学目标、教学内容和教学方法。在制订实践教学计划时，需要考虑以下几个方面：其一，学生的学习水平和能力。学生的学习水平和能力是制订实践教学计划的重要因素。教师需要根据学生的实际情况，确定实践教学的难度和深度，使学生能够逐步掌握实践操作的技能和方法。其二，实践教学的特点和要求。实践教学具有实际性、实用性和针对性等特点，需要根据实践教学的特点和要求，制订实践教学计划。教师需要考虑实践教学的环节和步骤，包括实践课程的设计、实践教材的选取、实践任务的布置等。其三，教学资源的准备。教学资源的准备是制订实践教学计划的重要保障。教师需要根据实践教学的需要，准备教学设备、工具、材料等教学资源，确保学生能够进行实践操作，并使实践教学具有真实性和实用性。

（二）确定实践教学环节

实践教学环节的确定是实践教学的关键环节之一，它涉及学生实践操作的全过程。在确定实践教学环节时，需要根据实践教学的特点和要求，包括实践课程的设计、实践教材的选取、实践任务的布置等。

1. 实践教学的目标和要求

实践教学是高等职业教育中非常重要的一部分，通过实践教学，学生可以全面了解专业知识和技能，并通过实际操作加深对专业知识的理解和应用。实践教学的目标和要求是确定实践教学环节的重要依据。首先，教师需要明确实践教学的目标和任务。实践教学的目标应该与专业知识和技能要求相符，使学生能够在实践中学习和应用专业知识和技能。实践教学的任务是通过实际操作和实验，使学生全面了解专业知识和技能，并能够将其应用到实际工作中。其次，教师需要确定实践教学的要求和标准。实践教学的要求应该明确，具体，包括实践操作的步骤和方法，实践操作的技能要求和实践操作的安全要求。再次，实践教学的标准也应该确定，以便对学生的实践操作进行评估和指导。最后，教师需要根据实践教学的特点和要求，确定实践教学环节和步骤，保证学生能够全面了解实践操作的方法和技巧。在确定实践教学环节和步骤时，教师需要考虑学生的学习水平和能力，确定实践教学的难度和深度，使学生能够逐步掌握实践操作的技能和方法。

2. 实践教学的难度和深度

实践教学的难度和深度是确定实践教学环节的重要因素。在实践教学中，教师需要考虑学生的学习水平和能力，确定实践教学的难度和深度，使学生能够逐步掌握实践操作的技能和方法。教师需要考虑学生的学习水平和能力。学生的学习水平和能力不同，教师需要根据学生的实际情况，确定实践教学的难度和深度，使学生能够逐步掌握实践操作的技能和方法。教师还需要考虑实践教学的目标和要求。实践教学的目标和要求不同，实践教学的难度和深度也会不同。教师需要根据实践教学的目标和要求，确定实践教学的难度和深度，使学生能够达到实践教学的目标和要求。

3. 实践教材的选取

选取合适的实践教材对于学生的实践操作和实践能力的提高具有重要意义。在选取实践教材时，教师需要考虑以下几个方面：

第一，教师需要考虑实践教学的目标和要求。实践教学的目标和要求不同，需要选取与之相适应的实践教材。例如，如果实践教学的目标是让学生掌握某种实践操作的技能和方法，那么需要选取相关的实践教材，使学生能够全面了解实践操作的方法和技巧。

第二，教师需要考虑实践教材的内容和质量。实践教材的内容应该与实践教学的要求相符，实践教材的质量应该过硬，以便学生能够在学习过程中得到有效的指导和支持。实践教材应该是系统的、完整的，能够全面覆盖实践操作的各个方面，同时具有较高的实用性和指导性。

第三，教师需要考虑实践教材的使用效果。教师需要根据实践教学的实际情况，选择合适的实践教材，并通过实践教学的实践操作和实践评估来评估实践教材的使用效果。教师应该根据学生的实际情况和需求，选择能够有效提高学生实践操作能力的实践教材。

第四，教师需要考虑实践教材的更新和优化。随着时代和技术的发展，实践教材也需要不断更新和优化，以保证实践教学的质量和效果。教师应该积极参加相关的培训和研讨会议，了解最新的实践教材和技术，及时更新和优化实践教材。

（三）教学资源的准备

教学资源的准备是组织实践教学的重要保障，它包括教学设备、工具、材料等教学资源。在确定教学资源时，需要考虑以下几个方面：

1. 实践教学的特点和要求

教学资源的准备需要根据实践教学的特点和要求。教师需要根据实践教学的环节和步骤，准备相应的教学资源，保证学生能够进行实践操作，并使实践教学具有真实性和实用性。

2. 教学资源的质量和数量

教学资源的质量和数量是组织实践教学的重要保障。教学资源包括教学设备、工具、材料等。教学资源的质量和数量直接影响到学生的实践操作和实践能力的提高。教师需要充分考虑实践教学的要求和学生的需求，选用质量过硬、数量充足的教学资源，以保证实践教学的顺利进行。教师还需要对教学资源进行管理和维护，确保教学资源的质量和数量。

3. 教学资源的维护和更新

教学资源的维护和更新是组织实践教学的重要工作。教学资源的维护包括对教学设备、工具、材料等的定期检查和维护，确保教学资源的正常运行。教学资源的更新包括对教学设备、工具、材料等的不断更新和改进，以保证教学资源的质量和数量。教师需要积极参加相关的培训和研讨会议，了解最新的教学资源和技术，及时更新和优化教学资源。同时，教师还需要定期对教学资源进行评估和调整，以确保教学资源的质量和数量。教学资源的维护和更新是组织实践教学的必要工作，可以提高学生的实践操作和实践能力，促进实践教学的质量和效果的提升。此外，教学资源的维护和更新还可以提高实践教学的吸引力和竞争力，增强实践教学的影响力和社会认可度。教学资源的质量和数量直接关系到实践教学的质量和效果，是组织实践教学的重要保障。

（四）组织实践教学活动

组织实践教学活动是高职实践教学的重要组成部分，教师需要针对实践教学的特点和要求，合理安排和组织实践教学活动，以提高学生的实践操作能力和创新能力。下面将详细探讨组织实践教学活动的主要任务和注意事项。

1. 主要任务

（1）指导学生进行实践操作。教师需要向学生介绍实践操作的基本步骤和技能，并为学生提供指导和支持，以保证学生能够熟练掌握实践操作技能和方法。

（2）组织实践操作评估。教师需要根据实践教学的要求和学生的表现，对学生的实践操作进行评估，以帮助学生找出不足之处，并进行改进和提高。

（3）总结实践经验。教师需要帮助学生总结实践经验，掌握实践操作技能和方法，并将实践经验应用到实际工作中，以提高学生的实践操作能力和创新能力。

2. 注意事项

（1）组织实践教学活动需要安排合理的时间和场地。教师需要根据实践教学的要求和学生的需求，安排合理的时间和场地，以保证学生能够充分进行实践操作。

（2）教师需要引导学生进行实践操作。教师需要向学生介绍实践操作的基本步骤和技能，并为学生提供指导和支持，以保证学生能够熟练掌握实践操作技能和方法。

（3）教师需要定期对学生的实践操作进行评估。教师需要根据实践教学的要求和学生的表现，对学生的实践操作进行评估，并为学生提供改进和提高的建议。

（4）教师需要帮助学生总结实践经验。教师需要引导学生总结实践经验，掌握实践操作技能和方法，并将实践经验应用到实际工作中，以提高学生的实践操作能力和创新能力。

二、做好高职实践教学的指导工作

高职实践教学的指导工作需要从实践技能的指导、实践思维的指导和实践反思的指导三个方面展开，教师需要针对学生的实际需求，精心组织实践教学活动，提高学生的实践操作能力和创新能力。

（一）实践技能的指导

高职实践教学的核心是培养学生实际操作技能。实践技能的指导是高职实践教学中的重要组成部分，教师需要在实践教学中积极指导学生进行实践操作，提高学生的实践操作能力。一方面，实践技能的指导需要教师制定实践技能目标和要求。在实践教学中，教师需要根据学生的专业和实践技能的不同层次，制定相应的实践技能目标和要求，使学生能够逐步掌握实践操作技能和方法。例如，在某些实践教学环节中，教师需要重点指导学生掌握基本的实践操作技能和方法，例如使用基本工具、操作基本设备等。而在其他实践教学环节中，则需要指导学生掌握更高级的实践操作技能和方法，例如使用专业设备、进行实验等。在制定实践技能目标和要求时，教师需要充分考虑学生的实践操作水平和能力，确保目标和要求能够逐步提高学生实践操作能力。另一方面，实践技能的指导也需要教师从实践思维的角度，鼓励和引导学生进行自主实践。教师需要从实践操作的技能层面向实践思维的层面引导学生，培养学生的自主探究和解决问题的能力。具体措施包括培养自主实践意识，提供实践操作自主指导，鼓励学生参与实践项目等。例如，在实践教学中，教师可以引导学生进行自主实践，例如让学生在实践中发现问题并解决问题，或者让学生自主设计实验方案并进行实验操作，从而提高学生的自主探究和解决问题的能力。

在实践技能的指导过程中，教师还需要提供实践教学资源。实践教学资源包括实践教材、实践操作设备和工具等。教师需要根据实践教学的要求，准备相应的实践教学资源，以保证学生能够全面了解实践操作的方法和技巧。

同时，教师也需要注重实践操作的质量和安全，确保学生能够安全地进行实践操作，避免实践操作中出现意外事件。

（二）实践思维的指导

在高职实践教学中，实践思维的培养是教师需要关注的重要内容。实践思维是指学生在实践操作中对所学知识和技能的理解和应用，以及创新思维的发展。下面将从鼓励学生思考和创新、组织实践操作演练、促进实践操作与理论知识的结合和建立实践教学档案四个方面进行探讨实践思维的指导工作。

1. 鼓励学生思考和创新

教师需要鼓励学生在实践操作中不断思考和创新，培养学生的创新意识和创新能力。教师可以通过提出问题、让学生自己寻找解决方法等方式，激发学生的思考和创新。此外，教师还可以引导学生进行探究性学习，让学生自主探索、发现和解决问题，提高学生的实践思维水平。

2. 组织实践操作演练

教师需要定期组织实践操作演练，以帮助学生巩固实践操作技能和方法，并发现和解决实践中的问题。教师可以设计不同的实践操作任务和场景，让学生在实践中逐步掌握操作技能，培养实践思维能力。同时，教师还应该根据学生的实际情况，对实践操作演练的难度和深度进行适当调整，确保学生在实践中能够取得实质性的进展。

3. 促进实践操作与理论知识的结合

实践操作与理论知识相结合是培养学生实践思维的关键。教师需要引导学生将所学理论知识应用到实践操作中，帮助学生掌握实践操作的方法和技能，并提高学生的理论水平。教师可以通过实践操作的设计和评估，引导学生将理论知识与实践操作相结合，培养学生的实践思维能力。

4. 建立实践教学档案

建立实践教学档案是为了对学生的实践操作能力和成长进行跟踪和评估，发现和解决实践教学中存在的问题。以下是具体的指导工作：（1）制定档案管理制度：教师需要制定实践教学档案管理制度，规范学生实践教学档案的建立、管理和使用流程。（2）确定档案内容和标准：教师需要明确学生实践教学档案的内容和标准，包括实践操作记录、评估结果、反思和总结等方面的内容，以及档案填写的要求和标准。（3）实施档案管理：教师需要对学生实践教学档案实施管理，确保档案的真实性、完整性和准确性。同时，教师还需要根据实践教学的特点和要求，对学生实践教学档案进行分类、归档和保管。（4）应用档案评估学生实践操作能力和成长：教师需要应用学生实践教学档案，对学生的实践操作能力和成长进行评估和跟踪，及时发现和解决实践教学中的问题，帮助学生提高实践操作能力和创新能力。

（三）实践反思的指导

实践反思是指在实践过程中，对所进行的实践活动进行反思、总结和评估，以提高自身的实践水平和能力的过程。在高职实践教学中，实践反思的指导对于学生的实践操作能力和创新能力的提高非常重要。

首先，实践反思需要关注实践过程中的问题。在实践过程中，学生会遇到各种问题，如操作技巧不熟练、工具材料不熟悉、操作环境复杂等。教师需要引导学生对实践过程中出现的问题进行反思和分析，并探索解决问题的方法和途径，从而提高学生的实践操作能力。其次，实践反思需要关注实践过程中的经验和教训。在实践过程中，学生会获得各种经验和教训，如实践技能的掌握、操作方法的熟练、实践操作的效率等。教师需要引导学生对这些经验和教训进行总结和反思，并在实践中不断运用和完善，从而提高学生的实践操作能力和创新能力。再次，实践反思需要关注实践过程中的成果和价值。在实践过程中，学生会获得各种成果和价值，如实践操作的成功、实践项目的实施、实践结果的评估等。教师需要引导学生对这些成果和价值进行反思和评估，并对学生的实践操作能力和创新能力进行提高和补充。最后，实践反思需要关注实践过程中的持续性和继承性。实践反思不仅仅是在实践过程中进行的，还需要学生在实践结束后，对实践活动进行回顾和总结，形成自己的实践经验和思考。同时，实践反思也需要传承和继承，以促进实践活动的持续性和发展。

第四节　高职实践教学实训基地建设

高等职业院校实践教学中实训基地的建设具有重要意义，它是实现高等职业教学目标的关键条件之一。实训基地的建设得好坏直接影响到高等职业院校的教学水平和教学质量，也是高等职业院校是否能够培养出适应社会经济发展需要的高素质技术技能人才的决定因素。高等职业院校实践教学实训基地建设一般分为校内实训基地建设和校外实训基地建设两大部分。

一、校内实训基地建设简析

校内实训基地在高职院校实践教学中主要承担着日常教学的实习和仿真模拟练习。校内实训基地需要具备先进的技术设备、健全的管理制度等，以便能够更好地完成教学计划和教学任务。

（一）校内实训基地建设的主要模式

校内实训基地建设的模式主要包括多方（政府、企业、社会、高职院校等）投资共建型、校企合作共建型、政府与学校共建型、学校主导建设型等几种模式（见图 7-7）。

多方投资共建型		政府与学校共建型
校企合作共建型		学校主导建设型

图 7-7　校内实训基地的主要建设类型

1. 多方投资共建型

多方投资共建型一般指高等职业院校实践教学中的校内实训基地由政府、企业、社会和高职院校多方投资兴办，办学中的各种情况由多方协商解决。多方投资共建型的建设模式能够充分发挥政府、企业、社会和高职院校的各自优势，能够有效提升实训基地的水平。多方投资共建型具有多方共建主体，一般是学校通过在特定专业上与政府、企业或行业进行合作，在校内进行实训基地建设，实现技术技能人才培养。在合作方式上，多方共建型具有很大的灵活性，合作形式相对比较自由，有的以学校为主进行建设、有的以企业或行业为主进行建设。多方投资共建型模式中学校可以充分利用企业或行业部分的资金、信息、技术等优势，进行相关技术技能的培训，以便提升校内实训基地的建设水平。

2. 校企合作共建型

校企合作共建型指的是学校和企业通过多种形式开展合作，进行实训基地的建设，培养学生的相关技术技能，双方协作育人的模式。校企合作共建型能够充分利用学校和企业的各自的资源优势，理论与实践相结合，共建共享校内实训基地，培养适合社会经济发展的高素质人才。校企合作共建型校内实训基地建设一般存在两种形式：一种是校企共同体，即学校和企业组建校企共同体一以企业命名的二级学院，开设订单班，校企双方签订人才培养协议，企业全程参与学校的人才培养过程，学校负责理论教学，并提供场地和管理，行业企业提供设备，并选派高级技术人员到学校组织生产和实训。

另一种是股份制实训基地，即学校和企业依据现代企业制度，以生产要素股份、资本股份智力股份的构成，对校内实训基地进行股份制改造或直接建立具有实际生产经营资质的股份制企业，以增加实训基地的自我造血功能，增强滚动发展能力，保证实训基地的可持续发展。校企合作共建型模式主要适用于工科类紧缺专业人才的培养。校企合作共建型校内实训基地建设模式有利于丰富高职院校的实践教学内容，推动专业建设和课程改革的发展。通过校企共建校内实训基地的教育模式，企业和学校之间加强了合作和联系，关系变得更为紧密。学校以较少的投入获得了丰富的企业优质资源，对提升学生的专业能力、职业能力、技术技能水平能够起到积极的推动作用；企业通过校企共建校内实训基地模式，获得了技术知识、信息方面的支持和企业发展所需的专业性人才，生产能力和管理水平得到提高。总的看来，校企合作共建型校内实训基地建设模式无论对学校还是对企业来说，都是一个双赢的选择。

3. 政府与学校共建型

政府与学校共建型指的是由各级政府和高等职业院校共同组建校内实训基地，实现技术技能人才培养的模式。政府与学校共建型一般分为中央财政投入为主的建设模式和地方财政投入为主的建设模式两种。中央财政投入在政府与学校共建型校内实践基地建设中起到扶持，引导和示范的作用，目的是鼓励地方政府积极参与到高等职业院校实训基地的建设，加快地方基础建设，改善高等职业院校的办学条件，为经济发展培养高质量高素质人才。

4. 学校主导建设型

学校主导建设型模式指的是高等职业院校校内实践基地的建设以学校投资为主，各类政府和企业投入为辅的校内实训基地建设模式。学校主导建设型校内实践基地建设中，一般学校大多具备师资、科研技术等方面的优势，通过这些优势吸引社会各方面参与进来，共建校内实训基地，实现人才培养的目的。学校主导建设型模式一般分为学校自筹资金、社会赞助等形式。在这种模式下学校占主导性地位，实践教学活动主要由学校负责，根据实践教学计划来进行统一安排。

（二）校内实训基地建设中的注意事项

校内实训基地是高等职业院校实践教学的重要组成部分，建设和管理实训基地是高等职业院校面临的重要任务之一。在校内实训基地建设中，需要注意以下几个方面。其一，在实训基地建设中，要明确各专业的实训目标，并对经费进行合理分配，购置符合社会经济发展和企业技术要求的软硬件设施，以提高学生的实践操作能力和职业能力。实训基地建设应充分利用学校现有资源，与企业生产有效结合起来，提高实训基地的利用效率，注重社会效益和经济效益的统一。其二，在各种实训形式中，要按照分阶段、分层次的形式有序组织开展，结合企业行业的岗位具体要求，做好各种实训形式的开发和建设工作。特别是在实训课程工作开展过程中，要通过明确专业的主干课和实训目标，有针对性地进行相应技术技能的训练，实现理论联系实际，培养操作能力和技术技能的目的。其三，在实训文件的制定中，需要反映科技进步和行业发展的最新动态，并依据行业的技术标准进行制定。实训文件的制定需要与行业企业开展合作，保证最新信息的获取，以便实训文件的随时更新。其四，在双师型教师的培养方面，要把双师型教师的培养作为校内实训建设的一项重要工作来抓。可以通过鼓励中青年教师到各大企业顶岗实习，或者从企业引进能工巧匠来增加院校双师型教师的数量，以提高教师的实践技能水平，使教师在丰富理论知识的基础上同时具备实践动手能力，提高教师在指导学生实习实训的能力和说服力。

（三）校内实训基地建设的具体策略

校内实训基地建设的管理是保障实训教学顺利开展的关键环节，只有通过全面有效的管理措施，才能确保实训教学的质量和效果。下面，将从以下六个方面进行详细的论述。

1. 制定完善的管理制度和操作规范，规范实训教学的开展和管理

在校内实训基地建设中，制定完善的管理制度和操作规范是重要的管理措施之一。建立科学合理的管理制度和操作规范，能够规范实训教学的开展和管理，提高实训教学的管理水平和效率。例如，实训基地管理制度应包括实训场地使用规定、设备管理制度、实训教学计划管理、安全保障制度等方面，使每个参与实训教学的人员都知晓实训基地的规定和操作规范，从而避免人为的错误和意外事件的发生。此外，制定完善的管理制度和操作规范还可以推动实训基地的可持续发展。例如，实训设备的规范使用和管理，能够保障设备的长期使用和维护，避免设备资源的浪费和闲置。同时，实训基地管理制度的规范和执行，也能够提高实训基地的声誉和知名度，为实训基地的发展带来更多的机会和资源。

2. 设立专门的管理机构和岗位，负责实训基地的日常管理和维护工作

为了更好地管理实训基地，高职院校需要设立专门的管理机构和岗位，负责实训基地的日常管理和维护工作。该机构应包括管理人员、实训教师、实训设备维护人员等，通过合理分工、明确职责，保障实训教学的顺利进行。管理机构和岗位的设立可以提高实训基地的管理效率和水平，实现资源的充分利用和保障实训教学的质量和效果。例如，实训设备的维护人员可以负责设备的维修和保养，保证设备的正常运行和延长使用寿命；实训教师可以负责实训课程的设计和教学管理，指导学生进行实践操作和技能培养。

3. 建立完善的设备管理制度，做好设备的维护保养和更新换代工作

在校内实训基地建设中，设备管理是非常重要的一个环节。高等职业院校应建立一套完善的设备管理制度，规范实训设备的使用、维护和保养，确保实训设备的正常运行和延长使用寿命。具体管理措施包括：一方面要建立设备清单，明确每一件设备的使用目的、型号、规格、数量和所在地点等详

细信息。然后，制定设备的使用和保养细则，明确设备的使用条件和操作方法，以及设备保养和维护的周期和方法。首先，建立设备维修制度，对设备的维修、更换和报废等问题进行统一管理和协调，确保设备的安全和可靠性。另一方面要加强设备保养和维护工作，定期对设备进行检查、保养和维修，保证设备的正常运行。其次，要建立设备使用记录，记录设备的使用情况和故障情况，为设备的维修和更新提供依据。再次，要及时更新设备，引进新的、先进的实训设备，以适应不断变化的市场需求和技术发展。最后，要根据实训教学的需求和学生的培养目标，合理规划设备的更新换代计划，使实训设备始终保持先进性和适用性。

4. 加强实训教师的培训和管理，提高实训教师的教学水平和实践操作能力

实训教师是实训教学的关键因素之一，他们的教学水平和实践操作能力直接影响着实训教学的质量。因此，在校内实训基地建设中，必须注重实训教师的培训和管理，提高他们的教学水平和实践操作能力。具体措施如下：首先，建立健全实训教师培训机制。高职院校要注重实训教师的职业发展和培训，建立健全的培训机制和体系，开展多种形式的培训活动，提高实训教师的教学能力和实践操作技能。其次，实行师徒结合的教学模式。将实训教师与企业技术工人相结合，建立双师型教师队伍，实现教师与企业技术工人的深度融合。企业技术工人可以为实训教师提供更加直观、实用的技术操作经验，从而提高实训教师的实践操作能力和教学水平。

5. 制订科学的实训教学计划和课程安排，确保实训教学的顺利开展

实训教学计划和课程安排是校内实训基地建设中非常重要的一环，是实现教学目标和培养目标的重要手段。因此，在校内实训基地建设中，要制订科学的实训教学计划和课程安排，确保实训教学的顺利开展。具体管理措施包括：首先，实训教学计划要与专业目标紧密结合，有针对性地安排实训内容。根据不同专业的特点和要求，制订针对性强、实际可行的实训教学计划，确保实训教学的质量和效益。其次，实训教学计划要根据实践

操作的特点，分阶段、分层次进行安排。不同阶段和层次的实践操作有其特殊性，需要制订不同的实训教学计划和课程安排。同时，要根据学生的实践操作能力和技能水平，合理安排实践操作难度和实践操作时间，逐步提高学生的实践操作能力和技能水平。其次，实训教学计划要与课程设置相结合，形成一套完整的教学体系。实训教学计划要与课程设置相结合，形成一套完整的教学体系。通过不同课程之间的联系和互动，形成一种协同教学模式，提高实训教学的效果和学生的综合能力。最后，实训教学计划要灵活性强，具有一定的可调节性。实践操作过程中，难免会遇到一些问题和困难，需要及时对实训教学计划进行调整和改进。同时，要根据时代发展的需求和新技术、新方法的应用，及时对实训教学计划进行更新和改进，确保实训教学的与时俱进。

6. 加强与企业、行业协会等外部资源的合作和交流

与企业和行业协会等外部资源的合作和交流是高职实践教学校内实训基地建设中的重要环节，也是实现校内实训教学与社会需求对接的重要途径。在加强与企业、行业协会等外部资源的合作和交流方面，可以从以下几个方面进行探讨：首先，建立校企合作模式。高职实践教学校内实训基地建设需要与社会企业密切合作，建立稳定的校企合作模式。可以通过签订合作协议、派遣教师到企业实践、引进企业专家到校授课等方式，加强校企交流，实现资源共享，推动实训教学与企业生产的深度融合。此外，可以组织学生到企业进行实习和实践，提高学生实践能力和专业素质。其次，拓展行业协会资源渠道。高职实践教学校内实训基地建设需要积极拓展行业协会资源渠道，获取行业最新信息和技术动态，为实训教学提供有力支持。可以邀请行业协会专家到校授课，开展专题讲座和技能竞赛等活动，提高学生的实践操作能力和综合素质。同时，加强与行业协会的合作，共同推动实训教学的发展和人才培养工作。再次，发挥社会资源优势。高职实践教学校内实训基地建设需要充分发挥社会资源优势，寻求更多的支持和帮助。可以通过招商引资等

方式，引进社会资本参与实训基地建设，促进实训教学设施的更新和升级。此外，还可以与当地政府、社会团体等单位建立合作关系，争取更多的政策支持和社会资源的投入，为高职实践教学校内实训基地建设提供更好的发展环境和条件。

二、校外实训基地建设简析

校外实训基地是高等职业院校实践教学的重要组成部分，是促进高职学生职业能力和综合素质全面提升的实践训练平台，同时也是高等职业院校实现可持续发展的有效途径。

（一）校外实训基地建设的重要性

1. 加速高等职业教育改革的步伐

高等职业院校校外实训基地的建设，高等职业院校能够掌握企业、行业最新动态，能够及时了解就业形势的变化和社会对人才培养的最新需求。通过对这些方面的掌握和了解，高等职业院校能够对比发现学校在教育教学方面存在的不足，从而针对教学模式、教学内容、教学方法、教学评价、师资培养等各个方面进行教育教学改革，从而提高高等职业院校的整体水平和人才培养的质量。

2. 扩大学校影响力和辐射力

高等职业院校校外实训基地的建设能够将技术技能型人才培养、劳动力转移培训和科技服务等有机结合起来，通过多种渠道和多种形式发挥校外实训基地的实践职能和社会功能，为社会经济建设服务。除了实现技术技能人才培养外，校外实训基地还能为学校老师开展科学研究和科技推广创造有利条件。老师们把先进的生产技术、新品种、新工艺等科研成果，通过校外实训基地在地方推广和应用，为地方经济发展提供技术支撑，增强了社会服务能力，能产生良好的经济效益和社会效益，又能扩大学校的影响力和辐射力。

①此外，依托高等职业院校校外实训基地的先进设施，能够积极开展就业培训和科技服务，促进地方经济的发展和农村劳动力的转移，实现高等职业院校服务当地经济、服务人民的目的，进一步扩大了其社会影响力和辐射力。

3. 对校内实训基地的补充和提高

校外实训基地能够补充校内实训基地在设备、场所、功能等方面存在的不足，有效解决校内实训基地经费紧张、空间不足等方面的矛盾。校外实训基地教学往往由经验丰富的企业技术骨干和专业兼职教师共同参与，对学生进行理论知识和技术技能的指导和培训。这样不仅能够有效缓解校内实训教学的压力，而且能够使学生熟悉企业情况，直接面对生产和实际工作的一线，对他们岗位技能的掌握、实践能力的提高都具有不可替代的重要意义。

4. 提升学生就业竞争力和职业能力

通过校外实训基地，学生能够在生产、建设、管理、服务第一线的工学交替、顶岗实习，直接接受现代企业氛围的熏陶，熟悉相关行业先进的设备、技术路线和生产工艺，尽快掌握相应岗位所需的基本技能与专业技术，取得实际工作经验，巩固综合、强化实践能力，并能培养现代化生产和科技发展倡导的团队协作精神、群体沟通技巧和组织协调能力等综合素质。同时，校外实训基地所在单位的一系列规章制度及员工日常行为规范，也可以为学生提供形成综合实践能力职业素质、职业道德、职业意识的实践氛围。

总之，在真实的工作环境中，按照规范的职业标准开展项目实训，能提高学生就业竞争力，缩短他们的工作适应期。

（二）校外实训基地建设的主要类型

校外实训基地建设中，按照与企业合作程度的不同，可以分为紧密型、半紧密型和协议型三种类型（见图7-8）。

---

① 杜世禄. 高职院校校外实训基地建设的思考［J］. 教育发展研究，2007（13）：113-115.

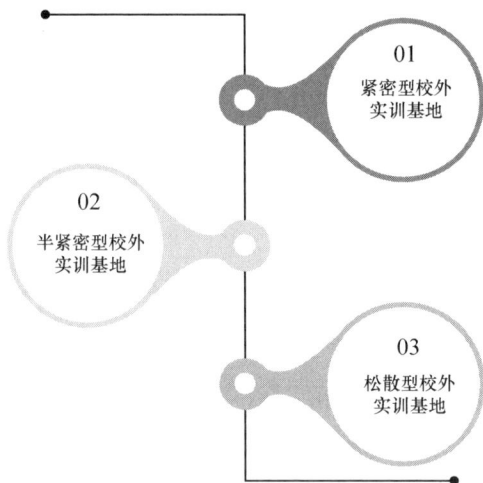

图 7-8　校外实训基地建设的主要类型

1. 紧密型校外实训基地

　　紧密型校外实训基地指的是与高职院校建立了长期稳定的合作关系，签订了规范的合作协议，有频繁的双向交流，能充分发挥校外实训基地的基本功能，能较好地完成实习、实训任务，并连续多年接受学生进行实习和专业实训，能够定期接受学生顶岗实习，能够选派实践指导教师，能够接收毕业生的校外实训基地。紧密型校外实训基地具有特点和优势：（1）长期稳定的合作关系。紧密型校外实训基地与高等职业院校建立了长期稳定的合作关系，签订了规范的合作协议。这种关系保证了学校与企业之间的互惠互利，为学生提供了优质的实习实训环境。（2）频繁的双向交流。紧密型校外实训基地有频繁的双向交流，学校与企业之间的沟通更加密切，为学生提供了更多的实践机会。同时，企业也可以向学校提供宝贵的行业信息，帮助学校调整课程设置和培养方案。（3）充分发挥校外实训基地的基本功能。紧密型校外实训基地能充分发挥其基本功能，为学生提供实践性、针对性强的实习实训环境。在这里，学生可以将课堂所学知识付诸实践，提高自己的实际操作能力。（4）良好的实习实训效果。紧密型校外实训基地能较好地完成实习、实训任务，帮助学生在实际操作中掌握专业技能，培养学生的团队协作能力、沟通能力等综合素质。

2. 半紧密型校外实训基地

半紧密型校外实训基地虽然与高等职业院校建立了稳定的合作关系，但与紧密型实训基地相比，合作程度和实习实训的深度相对较低。半紧密型校外实训基地的特点和优势如下：（1）稳定的合作关系。半紧密型校外实训基地与高职院校建立了稳定的合作关系，签订了规范的合作协议，这为双方之间的交流与合作奠定了基础。（2）双向交流活动。半紧密型校外实训基地有双向交流活动的开展，学校与企业之间的沟通相对较为畅通。这有助于学校了解行业发展动态，调整教育培训方案；企业也可以了解学校培养的人才特点，以便更好地选拔实习生。（3）有限的实习实训机会。与紧密型实训基地相比，半紧密型校外实训基地能够为学生提供的实习实训机会相对较少。学生可以参观现场、进行实习等活动，但可能无法获得更加深入、系统的实习实训经历。

3. 松散型校外实训基地

松散型校外实训基地与高职院校之间的合作关系相对较弱，仅在合作方面有初步意向。对学生的实训、实习只能进行有选择性地安排。松散型校外实训基地的特点和局限性表现在以下四个方面：（1）初步的合作意向。松散型校外培训基地与高职院校之间签订了规范的协议，双方有初步的合作意向，但实际合作程度有限。（2）较少的双向交流。与半紧密型和紧密型实训基地相比，松散型校外实训基地的双向交流活动较少，学校与企业之间的沟通不够密切，可能影响合作效果。（3）有选择性的实习实训安排。松散型校外实训基地对学生的实习实训安排有选择性的限制。这意味着学生可能无法获得广泛的实习实训机会，而只能在有限的范围内进行实践活动。（4）资源和支持有限。相较于紧密型和半紧密型实训基地，松散型校外实训基地可能在人力、物力和财力方面的支持较为有限。这可能导致学生在实习实训过程中面临较多困难和挑战。

（三）校外实训基地建设的具体措施

为了更好地实现高职院校与企业的紧密合作，提升学生实习实训的质量，以下几个方面的具体措施可在校外实训基地建设中予以实施（见图7-9）。

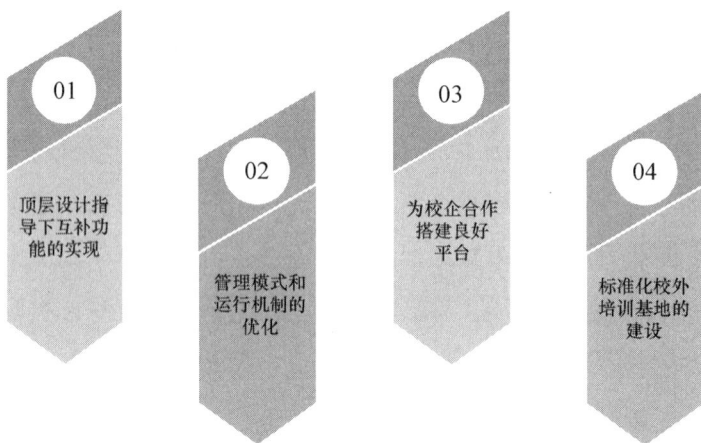

图 7-9　校外实训基地建设的具体措施

1. 顶层设计指导下互补功能的实现

在顶层设计的指导下，高等职业院校的校外实训基地应实现功能互补。校外实训基地不仅要发挥校内基地的辅助功能，还要承担科研、教学改革和社会服务等多重职责。通过依托校外实训基地，学生可以及时掌握行业动态、企业技术应用、实际操作流程和用人需求等信息，充分体验企业真实的工作环境和内容。高职院校可以结合企业实践活动，提高学生的实践能力，推进教育教学改革，并完善学生创业就业指导工作。

2. 管理模式和运行机制的优化

在校外实训基地建设过程中，要实现有效管理和充分利用，发挥其职能和价值。学校应成立专门的校外实践基地项目领导小组，由系主任担任负责人，指定人力资源管理专业主持人担任项目主任。人力资源管理骨干教师、辅导员等担任领导小组成员，分别负责实践基地的运营管理、宣传和协调等工作。校企双方共同建立实训基地管理委员会，由双方主要领导担任负责人。采取共同管理、互惠互利、协同发展的理念进行校外实训基地的共同管理。管理委员会定期召开会议，就实践教学模式改革、人才培养方案、实习人员管理等方面展开讨论，制订可行性方案。此模式改变了企业单方面管理实训基地的局面，减轻企业负担，加强教师对实训基地日常工作的介入，保障学生权益。校企双方共同组织实践教育项目，共同评价实践教学项目质量，有利于实训基地持久健康发展。

3. 为校企合作搭建良好平台

校外实训基地作为培养学生实践能力和职业素质的重要场所，需要搭建校企合作的良好平台。学校应积极吸引企业参与相关专业建设，通过定期举办实训基地建设研讨会、人才培养方案论证会、实习宣讲会、企业文化宣讲等活动，让企业了解学校的人才培养目标，同时学校也能及时掌握企业的需求变化和发展动态。企业可以在适当范围内免费宣传，通过优势互补，实现校企互惠互利，实现实践模式创新。

4. 标准化校外培训基地的建设

校外实训基地的建设应符合社会经济发展和产业结构调整需求，体现职业教育水平和专业水平。实训基地的器材和设备配置要符合先进的职教理念和职教规律，满足教学改革需要。设备技术水平应与行业发展水平基本持平，同时要考虑与国际先进水平接轨。实训基地的场地和设备布置要便于教学开展，尽量与企业真实环境相同，使学生按照未来职业岗位群的要求进行实际操作。高职院校要以教育部相关行业部门制订的技能型紧缺人才培养培训指导方案为主要依据，广泛吸收职业院校、行业和企业专家的意见和建议，推进实训基地标准化建设工作。

参考文献

［1］王培松. 产教融合视域下高职教学管理理论与实践研究［M］. 长春：吉林科学技术出版社有限责任公司，2021.

［2］魏毅. 高职教学管理专论［M］. 广州：世界图书出版广东有限公司，2014.

［3］张一平. 高职院校教学管理概论［M］. 北京：北京理工大学出版社，2020.

［4］朱艳军. 高职院校教学管理研究［M］. 长春：吉林人民出版社，2020.

［5］吕浔倩. 信息化高职教育教学管理研究［M］. 西安：西北工业大学出版社，2019.

［6］周文清. 高职院校实践教学管理与质量评价研究［M］. 长沙：湖南大学出版社有限责任公司，2021.

［7］匡玉清. 高职院校教学全面质量管理研究［M］. 长春：吉林人民出版社，2017.

［8］彭铁光. 高职教育实践教学管理研究［M］. 长春：东北师范大学出版社，2016.

［9］张蓓. 高职院校教育教学创新管理与实践应用研究［M］. 长春：吉林大学出版社，2017.

［10］刘瑜. 基于学分制背景下高职教学管理模式的实践研究［J］. 湖北农机化，2020（3）：111.

［11］黄跃琛. 现代学徒制人才培养模式下的高职教学管理体系探讨［J］. 当代教育实践与教学研究，2020（3）：148-149.

［12］王洪杰. 我国高职教学管理现状的分析及对策［J］. 现代交际，2016

（13）：156-157.

[13] 程童. 基于产学结合的高职教学管理体系构建研究［J］. 陕西警官职业学院，2020（38）：90-91.

[14] 苏素萍. 校企合作背景下提升高职教学管理质量的途径[J]. 山海经（教育前沿），2020（28）：354.

[15] 顾珏文. 互联网背景高职教学管理信息化策略［J］. 文理导航（教育研究与实践），2020（8）：234-235.

[16] 郭海棠. 激励在高职教学管理中的实践运用策略[J]. 科学中国人，2017（20）：97.

[17] 宋怡，谷璇，李敏. 关于工学结合模式下高职教学管理问题分析与对策探讨［J］. 好家长，2018（79）：210.

[18] 金欢喜. 高职教学管理的浅析和探究［J］. 现代阅读（教育版），2012（8）：45.

[19] 蒙俊宏. 高职教学管理改革与学生创新能力培养探析［J］. 现代职业教育，2019（11）：280-281.

[20] 陆静. 人才培养模式改革与高职教学管理体系建设思考［J］. 科教文汇（中旬刊），2019（7）：112-113.

[21] 朱慧贤. 学分制背景下高职教学管理的实践探讨［J］. 学园，2019（2）：111-112.

[22] 宋怡，谷璇，李敏. 关于工学结合模式下高职教学管理问题分析与对策探讨［J］. 好家长（创新教育），2018（23）：210.

[23] 李颖. 高职教学管理人员基本素质探析［J］. 人才资源开发，2017（8）：152-153.

[24] 陈薇. 基于学分制背景下高职教学管理模式的实践研究［J］. 佳木斯职业学院学报，2018（8）：6-7.

[25] 张黎. 教育心理学在高职教学管理中的有效应用［J］. 福建质量管理，2016（4）：16.

［26］刘盈含. 高职教学管理信息化建设的探索与实践解析［J］. 教育，2016（2）：92.

［27］吴凤. 试论提升高职教学管理的路径［J］. 青年与社会，2013（12）：189.

［28］施永佳."以人为本"理念下的高职教学管理探索［J］. 当代教育实践与教学研究（电子刊），2018（1）：737.

［29］学分制与弹性学制下高职教学管理的创新与实践［J］. 职业（上半月刊），2018（11）：32.

［30］韦柳丝. 混合式教学模式下高职教学管理的新任务和新思路［J］. 教育观察，2020（6）：119-121.

［31］李晓君. 高职教学管理初探［J］. 中国现代教育装备，2010（9）：158-160.

［32］汪琳. 工匠精神背景下高职教学管理模式的实践与探索［J］. 才智，2017（14）：47.

［33］张慧颖. 浅析一体化教学理念在高职教学管理中的应用［J］. 学习与科普，2019（16）.108

［34］谭静. 高职教学管理信息化建设的探索与实践［J］. 时代教育，2015（9）：271，273.

［35］邓阿琴. 云计算下的高职教学管理信息化建设［J］. 教育与职业，2015（7）：101-103.

［36］杨泽辉，张鹏，亢宇. 对五年制高职教学管理实践的思考［J］. 企业导报，2014（21）：198，149.

［37］师俊强，岳喜展，杨慧，张超超. 高职"管理学基础"课程思政教学实践研究［J］. 教育教学论坛，2022（38）：124-127.

［38］陈玉军. 略论教育心理学在高职教学管理中的应用［J］. 现代交际，2014（11）：211，210.

［39］崔婷，叶娇荣. 工学结合人才培养模式下的高职教学管理体系分析［J］. 科学中国人，2016（12）：256.

［40］林小星."工学结合"模式的高职教学管理体系构建——基于治理能力现

代化视阈[J]. 当代教育实践与教学研究（电子版），2016（5）：255-257.

[41] 傅晓亮. 工学结合背景下高职教学管理中存在的问题及对策研究 [J]. 常州信息职业技术学院学报，2016，15（5）：50-52.

[42] 卢素丽，熊炳忠. 大学生参与高职教学管理模式探究 [J]. 学园，2013（7）：48.

[43] 林徐润，孙晓华. 高职教学管理信息化建设的探索与实践 [J]. 中国教育网络，2013（7）：59-60.

[44] 黄海涛. 浅谈高职教学管理的模式研究 [J]. 时代教育，2015（22）：75.

[45] 李晓霜. 学分制背景下高职教学管理模式分析 [J]. 科学中国人，2016（23）：103，105.

[46] 王记. 高职教学管理体系现状及存在的主要问题 [J]. 明日风尚，2016（16）：357，137.

[47] 王昕明，肖忠平，束必清. 基于产教深度融合的高职教学管理改革 [J]. 当代职业教育，2016（12）：28-30，50.

[48] 陈露，戚君子. 校企合作背景下提升高职教学管理质量的途径探析 [J]. 新课程研究（中旬刊），2018（2）：123-124，132.

[49] 张雪. 走向权变管理的高职教学管理体系构建[J]. 职业教育（中旬刊），2016（8）：30-32.

[50] 陈露，戚君子. 校企合作背景下提升高职教学管理质量的途径探析 [J]. 新课程研究（中旬-双），2018（1）：123-124，132.

[51] 单明洁，吕莎莎. 高职院校学生教育管理与教学实践结合的路径探究 [J]. 科技视界，2021（11）：156-157.

[52] 张羽. 高职经济管理专业混合式教学的实践研究 [J]. 休闲，2021（7）：100-101.

[53] 崔联合，彭桂枝. 项目教学法在高职教学实践中的问题与对策 [J]. 沙洲职业工学院学报，2016，19（2）：12-15.

[54] 贾思振. 微课在高职教学实践中的应用研究探讨 [J]. 职业技术，2015，

15（10）：74-75.

［55］孙俊，董燕燕. 高职实践教学中创新能力培养研究与实践［J］. 河北软件职业技术学院学报，2023，25（1）：20-24.

［56］蒙俊宏. 高职实践教学评价体系的探讨与实施［J］. 中国多媒体与网络教学学报（中旬刊），2019（3）：29-30.

［57］韩文静，宋进朝. 基于工匠精神的高职实践教学模式建设路径探析［J］. 河北职业教育，2020，4（1）：52-54.

［58］赵宇昕. 关于高职实践教学体系的初探［J］. 魅力中国，2017（43）：66.

［59］肖飞. 高职实践教学体系的构建原则探析［J］. 大众投资指南，2020（27）：296.

［60］沈燕琴. 高职实践教学与实训基地运行管理研究［J］. 赢未来，2021（31）：84-85.

［61］杨琰. 技能大赛与高职实践教学的融合及协调发展［J］. 山西青年，2021（24）：157-158.

［62］汤红艳. 高职实践教学与地方本土化"双创"教育的融合研究［J］. 新教育时代电子杂志（教师版），2020（43）：160，162.

［63］麻桃花，王晓蓉，张桂荣. 有效提升高职实践教学成效教学模式改革的思考［J］. 作家天地，2021（15）：94-95.

［64］麻桃花，张桂荣，郝海玲. 教学资源库的建设促进高职实践教学质量的提升［J］. 作家天地，2021（13）：120-121.

［65］李艳武. 信息技术在高职实践教学中的应用［J］. 赤子，2018（7）：108.

［66］马国勤. 校企协同下高职实践教学模式探究［J］. 武汉船舶职业技术学院学报，2018，17（4）：28-31.

［67］李德福. 基于应用型人才培养的高职实践教学体系建设［J］. 现代职业教育（高职高专），2018（2）. 40-43.

［68］王伟楠. 基于系统论的高职实践教学质量保障体系构建研究［J］. 百科论坛电子杂志，2020（10）：188-189.